生存：美国海军陆战队进化史

[日]野中郁次朗　著

鲁方雷　沈峪源　宋晓朋　译

海洋出版社

2016年·北京

图字：01-2014-4132 号

AMERICA KAIHEITAI - HIEIRIGATA
SOSHIKI NO JIKOKAKUSHIN
BY IKUJIROU NONAKA
Copyright ©1995 IKUJIROU NONAKA
Original Japanese edition published by
CHUOKORON-SHINSHA, INC.
All rights reserved.
Chinese (in Simplified character only) translation
copyright ©20XX by China Ocean Press
Chinese(in Simplified character only)
translation rights arranged with
CHUOKORON-SHINSHA, INC. through
Bardon-Chinese Media Agency, Taipei.

图书在版编目（CIP）数据

生存：美国海军陆战队逆袭史 /（日）
野中郁次郎著；鲁方雷，沈峪源，宋晓
朋译. -- 北京：海洋出版社，2016.10
ISBN 978-7-5027-9597-9

Ⅰ. ①生… Ⅱ. ①野… ②鲁… ③沈…
④宋… Ⅲ. ①海军陆战队 - 战争史 - 美
国 Ⅳ. ① E712.9
中国版本图书馆 CIP 数据核字（2016）
第 253548 号

策　　划：奚　望
责任编辑：刘　聪　江　波
封面设计：申　彪
责任印制：赵麟苏

出版发行：海洋出版社
网　　址：www.oceanpress.com.cn
地　　址：北京市海淀区大慧寺路 8 号
邮　　编：100081
总 编 室：010-6211-4335
编 辑 部：010-6210-0035
发 行 部：010-6213-2549
邮 购 部：010-6903-8093
印　　刷：北京朝阳印刷厂有限责任公司

版　　次：2016 年 10 月第 1 版
　　　　　2016 年 10 月第 1 次印刷
开　　本：787mm × 1092mm 1/32
印　　张：6.25
字　　数：110 千字
定　　价：39.00 元
（如有印装质量问题，我社负责调换）

前　言

　　我对美国海军陆战队这一组织的关注始于著书《失败的本质》（中央文库）时的相同课题，即"太平洋战争中日本军队因何而失败"。特别是在分析瓜达尔卡纳尔战役时，了解到当时与日本陆军对峙的并非美国陆军而是美国海军陆战队，其独特的作战方式更是给我留下了深刻的印象。之后就抱着这份兴趣和关注，只要机会合适就会对美国的海军陆战队进行一些调查和研究。

　　美国海军陆战队创立于 1775 年，自美国独立战争起，参加过两次世界大战、朝鲜战争、越南战争、海湾战争等并担任重要任务，对美国的军事和外交做出了巨大贡献。当今的海军陆战队作为和海军舰队共同行动的舰队海军陆战队，担当着体现美国国家意志的军事重任。

　　现在的美国海军陆战队共 3 个师，现役 183 000 人（含女兵 8 100 人），与陆军的 586 200 人、海军的 510 600 人以及空军的 449 900 人相比较，是一个规模相对较小的组织（参考《军队·平衡》1993—1994 年版）。但是海军陆战队是能够利用其战略机动能力快速实施攻击作战的全球性军事组织，这样规模的快速反应部队（Force in Readiness) 世间仅有，同时它作为一个军事组织，也是一支装备从轻武器到可以搭载核弹的飞机，是具备陆、海、空联合作战能力的特殊远征部队。

美国海军陆战队在不同的历史时期被赋予不同的形象，包括所谓的"美国资本主义的尖兵"、"专业杀手"、"落伍者"、"整齐划一的集团"、"精英集团"，等等。不过以组织论的角度去考察美国海军陆战队的历史，可以发现，美国海军陆战队从一群隶属于海军的不值一提的"边缘群体"一跃成为现今的精英集团的自我革新轨迹。

军事组织自然是非营利的公共组织，不同于通过不断的市场竞争以谋求生存的企业类营利组织。我所关心的是这样的公共组织是如何进行自我革新的，这种组织的发展和进化有什么普遍规律可寻。

海军陆战队自创立之始，其存在就备受质疑。纵观美国海军陆战队的历史，最辉煌的莫过于太平洋战争中在太平洋各岛屿与日本军队的战斗。为了战胜日军它创造了"两栖作战"的理念，并通过一系列的作战培养了执行这一作战理念的组织能力。这一作战理念堪称世界战争史上划时代的创新之一。

据爱德华·米勒的《橙色计划》(新潮社),太平洋战争中美国的基本战略是在海上发起与强大的日本军队的战斗,即掌握制海权进而攻击陆地,这一概念是"橙色计划"的核心思想。此计划出自当时海军上层经验丰富的将官们,其战略构想具体是由南向北逐一夺取散布在太平洋上日军前进基地的各岛屿,之后轰炸机从这些岛屿的机场远距离起飞轰炸日本本土。太平洋战争基本也是按照这一设想进行,直至日军战败。与陆军、海军相比,海军陆战队虽然是个小型的组织,为了夺取前进基地创造了"两栖作战"的理念并健全、培养了实施这一理念的组织能力,从而成为了实现"橙色计划"的中坚力量。

历史上美国海军陆战队和日本颇有渊源,1853年5月贝里提督率领东印度舰队的海军陆战队在冲绳那霸上岸;同年7月停靠浦贺时也有约200名美海军陆战队士兵陪同美方使者上岸;太平洋战争中,从瓜达尔卡纳尔到冲绳的18次登陆作战中与日军对垒的也是美海军陆战队。日本也曾有隶属于海军的陆军部队被称作海军陆战队的作战单位,著名的是海上特别陆战队,但是它的作用仅限于前进基地的防守(重点是机场),并与日本陆军一起在太平洋各岛屿与美海军陆战队激战。不过当日本军队认识到太平洋各岛屿防守的重要性时,已是太平洋战争的中期日本国内开始宣扬确立"绝对国防圈"的时候了。

现在日本驻扎着美国的陆军、海军、空军、海军陆战队以及海岸警备队，其中的海军是世界上规模最大的美第7舰队，美国的3个海军陆战队远征军的其中一个也驻扎日本，远征军是陆战队空军及地面机动部队中规模最大的编制，驻守冲绳的第3海军陆战队远征军约有2万人，包括远征军司令部、第3海军陆战师、第1海军陆战队航空团、第3后勤部队、第9海军陆战队远征旅、第11海军陆战队远征军一部。驻冲绳的美军主力是海军陆战队，占驻冲绳美军总人数的2/3，占驻扎日本海军陆战队总人数的90%。因此也可以说，承担帮助防卫日本的美陆上部队的主力是美国海军陆战队。

我在1967年3月至1972年8月作为学生在加利福尼亚大学的伯克利分校度过了5年半时光。那时正是美国的社会动荡期，凸显着末世的辉煌。罗纳尔·里根当选加利福尼亚州州长，开创加利福尼亚大学黄金时代的校长克拉克·卡尔被解职，从伯克利分校发起的校园斗争扩散到全美，民权运动、反越战运动、嬉皮士、大麻、超短裙、性解放、女性解放运动等各种运动风起云涌。1968年牧师马丁·路德·金和罗伯特·肯尼迪被暗杀，伯克利的学子们深感悲伤，整个校园陷入悲痛之中。1968年作为历史的转折点，美国开始逐渐失去传统的价值观，整个社会陷入了一种病态。以忠诚和勇于牺牲的精神为最高荣誉的海军陆战队正是在这一时期被称为"落伍者"，对海军陆战队看法的变化，从一些电影中可以看到一些端倪，描写太平洋战争中海军陆战队内容的影片大量上映，《瓜达尔卡纳尔日记》、《打工好汉》①、《硫黄岛的砂》等等；描写越南战争的有《生于7月4日》、《全金属外壳》、《义海雄风》等大多都对海军陆战队的精神落后于时代持批判态度。

　　海军陆战队最辉煌的莫过于太平洋战争时期，当时美国的公民们也坚信那是正义的战争。美国的民主主义大旗高举，社会道德得以弘扬，勇气属于美德的范畴。海军陆战队出身的作家威廉·曼彻斯特在《永别了，黑暗》②（1979年）一书中写道："战争胜利正是源于对'神佑美国'的坚信，使你走向战场，在战斗中成为你的精神支柱，即便倒下也会给你安慰，并使你敢于为了你爱的和爱你的人而献身。"（395页）反观越南战争，这样的正义感和正当性却荡然无存，《华尔街日报》（1995年7月27日）曾指出海军陆战队的价值观和社会价值观的距离渐行渐远。自20世纪70年代以来美国社会正不断走向与海军陆战队所崇尚价值观的反面，毒品、犯罪、暴力、人种对立、学习能力下降、单亲家庭等现象泛滥。从陆战队基础学校毕业的陆战队员们再次回到社会时会有强烈的孤独感，有关军队的丑闻也不断出现，有人就认为越南战争时有逃避兵役之嫌的克林顿就任总统和美军士气的低迷有直接关系；之前作为女性理想择偶对象的陆战队员也被戏称

---

① 《打工好汉》电影原名 *Gung Ho*，源自中文"干活"。——译者注
② 《永别了，黑暗》图书原名 *Goodbye darkness*。——译者注

"昔日陆战队，当今变护士"。但是历经时代变迁依然坚守着传统价值观的海军陆战队继续展示着美国这个国家的内涵。

本书叙述的海军陆战队的历史均出自文献，并未采用本人采集到的资料、数据，只是对于文献资料和数据的采用是基于本人的观点。在本书最后一章我对至今为止陆战队变革的脚步进行了分析并试着将自我革新组织概念化，为此我尽量与更多的陆战队员直接面对面地交流，并去冲绳观摩陆战队的演习，也参观了在华盛顿的海军陆战队博物馆，将文献中接触到的在实际中加以切身体验以不断反省。在我所认识的很多人中，陆战队员出身的原美国驻日大使麦克·马斯菲尔德和已故的第一任高级上士罗伯特·K·格林令我记忆深刻，这两位让我直观地感受到了海军陆战队队员的原型。

自开始对海军陆战队抱有兴趣起，至今已有 15 个年头了，能够成书实在是受中央公论社的平林孝先生在 10 年中对我不断地鞭策和激励，在编辑过程中松室彻先生也给了我大力协助。自《失败的本质》一书以来的同事户部良一、寺本义也、镰田伸一、杉之尾孝生、村井友秀以及本人的研究助手梅本胜博等诸位对本书的编撰也提出大量建言，在此一并表示我的衷心谢意！

目　录

第一章

存在的危机

诞生

美国独立战争开始后不久，美国海军中诞生了后来被称之为美国海军陆战队 (United States Marine Corps) 的组织。1775 年 11 月 10 日大陆会议决定成立名为大陆海军陆战队（Continental Marines）的小型军事组织（2 个营）。当时美国殖民地和宗主国英国之间已经拉开了独立战争的序幕，4 月 19 日去收缴武器的英军和接到爱国银匠保尔·瑞维尔"英军来了"的快马报信的民兵，在列克星敦和康克德两地发生了交火。6 月 16 日在波士顿以北的邦克山，殖民地的民兵和英国正规军展开了初次正面交锋，兵力上处于劣势的民兵最终败退。因此大陆会议提出了尽快增强正规军力量的意见，征召了民兵和义勇兵约 1 万人组成了大陆军（Continental Army），由乔治·华盛顿任总司令。

海军陆战队的成立，起初并非出于战略上的考虑，而是因为美国国内当时有英国海军陆战队（皇家海军陆战队）这一组织，因此在独立战争初期也照搬创立了美国海军陆战队。当时乔治·华盛顿将军考虑到从自己率领的陆军抽调 2 个营会削弱陆军的力量，所以陆战队的 2 个营并没有即刻满编。

海军陆战队的招兵处设在卡布丁·罗伯特·墨兰开的名为"大桶小酒馆"的酒馆，后来这个酒馆被称为美国海军陆战队的诞生地。有一种说法是，因为谁也不明白海军陆战队是干什么的，招兵时就把酒馆里喝得烂醉的人给按上报名参军的手印，强拉进海军陆战队。事实上，当初能聚集起来的，只有10名军官和不到200名的士兵，第一任司令官是酒馆经理塞缪尔·尼古拉斯，其他的军官有职员、有商人，士兵大部分是强征的、没有什么技能的移民，军人几乎没不具备战斗经验和战场知识。

图1-1　"黄蜂"号的陆战队员与英舰"驯鹿"号激战
（约翰·库列马中士创作）

在对英战争的8年中，隶属于海军的海军陆战队任务是作为步兵执行舰上勤务，参加小规模登陆战（袭击新普罗维登斯岛英军的弹药库等）和支援陆军的战斗（乔治·华盛顿指挥的特林顿、普林斯顿、阿桑枰克溪的战斗等）3个，始终没有参加过像样的战斗，但即便是这样，在独立战争中还是阵亡了119人。

舰上警察

大陆会议虽然没有特别指定海军陆战队除了"确保海上优势"以外的任务，但在木制帆船的时代，陆战队的使命就是确保船只的安全，主要是履行警察职能让粗鲁的水手遵守船上的规章，当时的水手常偷喝朗姆酒，就像影片《巴温德号战舰的叛乱》等描写的那样，常和指挥官发生激烈冲突。另外，陆战队也在海战中用步枪在舰桥狙杀对方指挥官以及在双方舰船靠帮时加入白刃战，杀上敌舰，消灭敌方水兵；陆战时也同水兵一起参加小规模的登陆作战。独立战争后的19世纪初海军陆战队的主要对手还只是海盗，值得一提的是讨伐迪黎波里海盗一役是首次升起星条旗的历史性的战斗，年轻的普列斯里·N·奥班农中尉的英勇事迹也随海军陆战队军歌（*The marines Hymm*）被传唱至今。不过总的说来1900年以前的海军陆战队的主要任务还只是舰上勤务，附带着例如1853年7月8日马修·C·贝里提督靠岸浦贺港时，陪同作为美国使者的任务，当时一同上岸的有担任舰上勤务的200名陆战队士兵。

不过始终以监视目光监督着舰上一切的陆战队员们肯

定不会得到同船的水手们的好感。对水手们来说，参加独立战争的一部分报酬来自于对英国商船的掠夺，他们自然不愿意陆战队分一杯羹。另外，由于海军陆战队的存在使陆军和海军在预算分配上受到了威胁，虽然独立战争结束后海军为了维持航行纪律，例如防止水手开小差、防止朗姆酒被盗以及水手叛乱时保护军官等方面还需要陆战队的存在，但在海军上层对陆战队在舰上该纳入海军军官指挥还是由陆战队军官指挥的问题上起了争执，有人主张陆战队应由海军军官指挥，甚至提出了如果不认可这种安排的话，就替换相同人数的水手去完成陆战队的任务。

随着蒸汽机和蒸汽涡轮机的出现以及1883年最初4艘钢铁巡洋舰的建造，海军上层对陆战队的态度发生了进一步的变化。由于新动力的出现和利用，在人力方面，即管束水手的海军陆战队对舰船的运行和规章的维护不再被认为是不可或缺的，反而认为从帆船时代进入钢铁战舰的时代后，陆战队在舰上的勤务安排是落后于时代的。水兵只要接受必要的教育，足以完成陆战队在舰上的工作。1890年宣扬海军陆战队"无用论"的代表是海军上尉威廉姆·F·弗拉姆，他指责陆战队如同舰上的警察，妨碍了粗鄙的水手向近代海军有知识水兵的发展、剥夺了他们的展现责任感的机会。

排斥

随着帝国主义风潮在世界范围蔓延，美利坚合众国于19世纪80年代后期加快了对外扩张的步伐。20世纪初至第一次世界大战（以下简称"一战"）期间美国国内政治上发生各种变革，即国内是革新主义时代，国外则是海外扩张主义的时代。

1900年的美国人口约7 600万人，尽管人口基数巨大，海军陆战队也不过是拥有174名军官和5 240名士兵的极小军事组织。本来美国国民对拥有常规军部队就抱有很强的戒心，加上独立战争爆发的直接原因就是国内驻扎有英国的正规部队而引起的；而且美国宪法又是由经历了奥利佛·克伦威尔军事独裁统治，一直戒备军方势力扩张的盎格鲁·撒克逊传统的继承者们起草的，因此直至20世纪30年代初期，规模最大的美国陆军包括军官和士兵在内也仅有14.5万人左右，对一般国民来说不但无法区别如此小规模的海军陆战队和海军有何不同，甚至都不知道有海军陆战队这一组织的存在。

美国对外扩张的战略深受海军战略家阿尔弗莱德·T·马汉提督的影响，日本人对马汉的印象是日俄战争时期联合舰队的前任参谋秋山真之中校留美时期曾拜他为师，马汉在其重要著作《海权对历史的影响 1660—1783

年》①（1890年）中以英国逐渐强大的历史轨迹为依据，提出了国家强盛的基础在于海外贸易，而促进海外贸易则必须同时增加商船队和护航海军的力量。

走向海洋国家的繁荣需借助对外经贸的发展，而对外经贸的发展又倚靠着生产、海运和殖民地这三者之间的循环以及推进这个循环的海上力量。美国在生产规模的扩大方面业已取得成功，接下来在海军和殖民地，特别是推进这个循环的海军舰队和前进基地的增强就尤为重要了。马汉甚至提议开挖横贯美国的运河，联通大西洋和太平洋，在世界性大航道的加勒比地区确立美国的世界中心地位，进而在太平洋各岛屿设立海军的前进基地以获取太平洋的制海权。事实上，美国在美西战争爆发前已占领太平洋上的萨摩亚群岛的一半、维基岛、米多维岛等，建设了军港的夏威夷也处于美国的实际保护之下，在19世纪80年代还极其弱小的海军也快速强大起来，到19世纪末海军军力已居世界第6位。

1898年2月15日，以保护美国国民的名义停靠在古巴哈瓦那港的"缅因"号战舰发生不明原因爆炸后沉没，死亡260人。当时西班牙殖民地中最重要的加勒比海沿岸的古巴和太平洋的菲律宾正发生着独立运动。《华尔街日

---

① 参见马汉："海权论"三部曲全译本：《海权对历史的影响》、《海权与1812年战争的关系》、《海权对法国土革命和帝国的影响》，海洋出版社出版。——译者注

报》和《世界周刊》等惯以耸人听闻小道的新闻来促进销量的报纸乘机造势，一口咬定这是西班牙方面弄的鬼，并悬赏5万美元给知情人，以此煽动大众的情绪，还提出了"毋忘'缅因'号"（Remember the Maine）的口号，高调唱响古巴干涉论。

1897年当选总统的麦金莱曾参加南北战争，历经流血牺牲，虽抱反战态度，但迫于舆论压力还是在1898年4月19日请求议会授权开战。此时已失去往昔威风的西班牙战力已不及美国，3个多月后即向美国提出休战，而实际上战争的时间还不到2个星期即结束了。国务卿约翰·海依说此战于美国是"伟大的小战争"（Splendid Little War），实际上美国在和约中迫使西班牙承认古巴独立，在加勒比海地区夺得了普艾尔特里克，在太平洋得到了菲律宾和关岛，而且在这次战争中美国还正式吞并了曾是独立的国家——夏威夷。经过此战，美国在加勒比海和太平洋建立了前进基地，虽然没有完全实证马汉著作中的战略理论，但此时的美国却是实实在在地实践着这一理论。

美西战争事实上是一场海战，而之后占领菲律宾的生力军是陆军，因此海军陆战队并未出现被称为"马尼拉湾的英雄"的乔治·杜威提督和被称为陆军的"烈马骑兵"的西奥多·罗斯福那样的国民英雄。杜威指挥的美国太平洋舰队在4月30日半夜进攻马尼拉湾，用了一夜时间，在次日清晨就击溃了西班牙舰队，杜威给舰长的命令"准备停当就各自开炮"成了当时的流行语，他也因此晋升提督。海军次长罗斯福辞去原来的职务，以陆军中校的头衔率领由西部牛仔组成的志愿骑兵"烈马骑兵队"突破了位于圣地亚哥的圣胡安高地，受到媒体的大力追捧，之后他被提名为美国副总统。

质疑小小的陆战队存在的声音在1829年安德鲁·杰克逊总统打算将陆战队并入陆军序列的时候就出现过，但是这一次是由所属海军内部的辩论开始的，之前提到的以弗拉姆为首的部分海军上层就极力推动废除海军陆战队的舰上勤务，虽然曾一度被海军部长否决，但1908年第26任总统西奥多·罗斯福发布的第969号总统令，将废除海军陆战队的舰上勤务变为了现实。

《华盛顿邮报》报道说：海军陆战队不但要放弃舰上勤务，还将改编为步兵编入陆军序列。对此海军内部陆战队的声援派则提出需要一支能够支援舰队前进基地的防御远征军的意见，提出这一意见的是海军军官会议（General Board of the Navy）委员长杜威司令，他对陆战队在马尼拉湾的表现印象深刻。最终，1903年3月海军预算案通过预算案条款规定，所有战舰及巡洋舰的下级军官的8%必须是陆战队队员，海军陆战队终于幸运地保住了原来舰上勤务的工作。这些虽然是海军内部的一些纠葛，但随着1908年总统令的颁布而出现的一系列争论却意外地让一般大众了解到在海军的内部还有一个被称为

"海军陆战队"的组织。

前进基地的防御

在对陆战队任务安排的争论声中发布的第 969 号总统令尝试着将海军陆战队任务固化。不久之后在 1909 年编写的海军条例规定陆战队的任务是舰上勤务、海外纷争的介入、训练外国部队、支援陆军和空军、保护国内外美国的公民和财产、前进基地的防御等，并指出 1900—1930 年之间陆战队的主要任务是海外纷争的介入和前进基地的防御。

1898 年美西战争的结果是美国获得了世界老大的地位，在一直主张"手握大棒好说话"的西奥多·罗斯福的"棍棒外交"方针的指引下，美国对中国、古巴、尼加拉瓜、海地、多米尼加、墨西哥等他国的政治和非政治方面的介入日渐频繁。为保护美国在拉丁美洲各国的权益，美国政府往往会支持一些并不受当地人民拥护的政权，因而被冠以"华尔街警察"之名。所介入外国的战斗，既有义和团事件（1900 年）中约翰·T·梅耶上尉指挥陆战队的防御作战、之后被拍成由查尔顿·海思通主演的电影《北京的 55 天》；也有在墨西哥内乱时斯密特·巴多拉少校在贝拉·克鲁兹手握拐杖指挥部队向敌方狙击手还击的著名事迹。而这样的武力介入，最初只是为了镇压地中海和加勒比海的海盗，大多是因为当地政府无力清剿而请美国派兵去镇压的。美西战争结束后，因形势的需要，美国海军陆战队的主要任务变成了海军前进基地的防御。受马汉海权战略思想的影响，美国要成为海上强国的思想占据了主流，因此当务之急是舰队作战所必需的前进基地的保障和防御，认识到前进基地的重要性后，海军陆战队就增添了作为基地防御力量的使命，但是这与其说是从战略角度安排陆战队的核心任务，还不如说是海军内部争论的折中产物。

海军上层会议对作为前进基地防御力量的陆战队，提出了必须具备如下所述几个方面能力的要求：

（1）构筑要塞、炮座、炮台、弹药库；

（2）从舰船运送口径 8 英寸^①以下大炮至炮台并组装；

（3）电话线路、信号灯、探照灯、测距仪的设置和操作；

（4）用于防守港口的水雷和反水雷装置的布设以及鱼雷的操作。

根据这一要求批准成立了规模为 2 个团的前进基地防御部队并参加了 1914 年 1 月的太平洋舰队的演习，这种安排也包含了牵制再次冒出的废除陆战队舰上勤务的思想。

1913 年 5 月已经成为海军少将的弗拉姆再次登上了

---

① 英寸是英制单位，1 英寸 =2.54 厘米——编者注。

排挤海军陆战队的舞台。他在提交到海军高层会议的报告中指出，将陆战队作为前进基地的防御力量的举措是失误的，在过去的13年中陆战队在前进基地的资材、人事、教育及人才输送等方面没有做出过实事，并指责海军大学以及前进基地的海军学校将前进基地的问题研究过于学术化，而基本未对陆战队的军官进行实务训练等。而这些其实是陆战队的组织问题造成的，虽说陆战队作为独立组织的形式存在着，但实际上却被分成了几个营分属于各个军舰担任勤务。言下之意就是陆战队不适应舰上勤务、海军的士官和水兵足以担当陆战队的任务。

不过海军高层会议的结果再次倾向于海军陆战队，否决了弗拉姆的提案。而且还让前进基地的陆战队参加了1924年1月太平洋舰队的演习，这次演习在波多黎各的库列不拉岛举行，直到1940年移至北卡罗来纳州的新河演习场为止，这里一直是两栖作战的演习地。后来的霍兰德·M·斯密斯将军说：就像水球是在伊顿公学的运动场诞生的，那么发生第二次世界大战太平洋各岛屿的两栖作战就是在库列不拉岛的海岸诞生的。20世纪20年代的演习对积累大规模登陆的经验和之后对登陆作战的方案改善以及为40年代后担任陆战队主要指挥员的培养方面贡献巨大。

支援陆军

1914 年 7 月 28 日"一战"爆发，主张为了人类共同利益、宣扬民主主义理想外交（传教士外交）的伍德罗·威尔逊总统最初宣布美国保持中立，但在德国挑起无限制潜艇战后，美国于 1917 年 4 月 6 日宣布参战，应英、法两国的要求，威尔逊总统决定派遣建国以来规模最大的海外远征部队，选派约翰·潘兴陆军上将担任最高指挥官。

陆战队司令乔治·巴尼特不顾潘兴将军和陆军参谋部的反对，说服他们将 2 个团的陆战队加入了远征军序列。巴尼特想利用战争带来的威胁扩大陆战队的规模、提高陆战队的战斗力，他甚至请求让陆战队尽量参加实战，无论如何要给陆战队上战场的机会。潘兴将军以这并非登陆作战且正面陆军兵力足够为由表示反对，不过在巴尼特的不断努力下，海军陆战队还是由 2 个与陆军组织形式一样的建制团组成了为数 6 000 人的陆战队第一个旅（第 4 旅）。

1917 年 6 月陆战队第 4 旅第 5 团作为陆军第 1 师的一部开向法国，第 5 团期望可以尽早投入西线战斗，但潘兴将军只把第 5 团当做陆军第 1 师的后备部队，之后到达的第 6 团也被安排作后备部队。而且在第 6 团到达前潘兴将军将陆战队第 4 旅从陆军第 1 师划归第 2 师，这样大大挫伤了陆战队的面子，因而陆战队员情绪非常激动都怒吼着表示非要干出点成绩来证明自己，从而也导致陆军和海军陆战队的关系就像美式足球比赛被中止的场景那样。

巴尼特司令官并没有要求将陆战队调回陆军第1师，而只是坚持要求保留第4旅的番称号，这个要求被接受了。虽然陆军中有人对此不快，但陆战队还是脱下森林绿制服换上陆军的黄褐色制服，换装时陆战队员还将陆军制服的纽扣都拽下换上了陆战队的纽扣。

5月中旬，陆战队第4旅旅长多瓦伊埃因重病倒下，潘兴将军在将其送回国内的同时任命自己的参谋长詹姆斯·哈伯特担任第4旅的指挥官，第5团团长耐比尔上校和6团团长卡特林上校对哈伯特说：陆战队的格言就是"忠诚"，因此哪怕对陆军将官也会尽显忠诚。但是陆战队队员把这当做潘兴和他的参谋长又一次轻视陆战队的佐证，一定要在实战中干出点名堂的决心日益坚固。

1918年5月30日，在德军迫近巴黎50千米的时候，为支援与德国第2师作战的法国第6军，终于下达了陆战队出击的命令，当然这是陆军把不想干的活儿踢给了陆战队。陆战队在法第6军的后方图鲁西和贝隆森林（Belleau Wood）之间布置了防线，德军的猛攻开始后法第6军就溃退至陆战队的防守一线。一名法国军官要陆战队的罗伊德·威廉安姆兹上尉也撤退，威廉安姆兹回答说："撤退，不！我们才刚到呢。"

6月2日德军对陆战队的阵地发起了大规模的猛烈进攻，陆战队队员在德军接近不到100米时开火，德国频

图 1-2　贝隆森林中陆战队的战斗

频被陆战队队员精准的枪法所击倒。后来，德军虽然又发动了 2 次进攻，试图攻破陆战队防线，但陆战队顽强地抵抗，死守住了战壕。德意志士兵把陆战队的这种顽强精神起名为"魔犬"（Teufelhunde），之后猛犬也成了陆战队的吉祥物。此时的德军也退回森林，开挖战壕，并架起了机关枪。

6 月 6 日黄昏，本杰明·贝利少校指挥的 5 团 3 营为占领森林端着刺刀踏入了贝隆森林，被等候多时的德军马克辛机枪扫倒了一片，从右侧迂回的 6 团 3 营也被压住。陆战队虽配备了斯普林菲尔德 1903 式步枪和轻机枪，但几乎没有手榴弹和迫击炮，即便如此他们还是一寸一寸地前进，终于在午夜前在森林北侧占领了一个阵地。这场战斗中唐·达利中士对部下说的"快冲！你们这些狗娘养的，是不是想着要长生不老！（Come on, you sons of bitches!Do you want to live forever?)"成为名言。8日至10日陆战队再次向前推进，15日终于战至森林的西面，这次战斗陆战队损失了1 087人，这个数字直到太平洋战争的塔瓦拉登陆战被打破。前后用了3周的时间，最后罗伯特·约伟尔上尉率部攻占了森林最深处的北端。

贝隆森林的夺回让法国国会欣喜若狂，为表彰陆战队的功绩将7月4日定为"国庆日"，法国的军事首脑还将贝洛的森林命名为"陆战旅的森林"。独获赞誉的陆战队让陆军感到了不快，在陆战队和陆军之间留下了隔阂。这之后在新任的陆战队指挥官约翰·A·勒琼少将指挥下，第4旅在斯瓦松、圣·米歇尔、布朗·蒙·里基、阿尔贡内的战斗中屡屡创出佳绩。

对陆战队未来的发展至关重要的一件事是1912年春，陆战队司令威廉·P·比德尔考虑用战机来充实前进基地的防御，指派了2名尉级军官赶赴位于亚那波里斯的海军学校接受飞行训练。最终委派的是阿尔弗雷德·A·坎宁安上尉，他在莱特兄弟发明的飞机出现后便迷上了飞机，他作为陆战队最初的飞行学员，在亚那波里斯被培养成飞行员。到1913年末，亚那波里斯培养的13名飞行员中就有3名是陆战队的飞行员。1913年8月海军上层会议向海军司令提请建立海军航空兵，海军司令接受提案后旋即成立由 7 人组成的研讨委员会专门讨论这一提案。陆战队最初的飞行员坎宁安上尉也在这 7 人委员会中，他提出了组建由 6 机编成的陆战队航空队的建议，该委员会还决定了海军和陆战队共同协作一起推动海军航空兵的发展。1917 年 2 月 26 日坎宁安上尉创建了陆战队第一支飞行中队，当时欧洲的"一战"已进入白热化阶段，陆军虽然打算用飞机轰炸并对地面目标进行攻击，但是却反对海军航空兵的介入，因此海军的飞机只能用于对德军潜艇的攻击了。

　　1917 年 4 月，美国宣布加入"一战"，此时陆战队飞行队的任务首先是和海军一起为攻击德军的潜艇执行巡逻警戒任务，其次是支援陆战队的战斗。陆战队司令官为完成第 2 项任务还新组建了由一个陆战飞机组成的飞行中队。到了 1917 年 10 月，第 1 陆战队飞行中队已有军官 34 人，士兵 330 人，装备有 2 架寇蒂斯 R-6 水上飞机和 1 架法国生产的教练机；该中队于 1918 年 1 月由弗朗西斯·T·埃庞斯少校任队长，被派往葡萄牙的阿左列斯担任对德潜艇的巡逻警戒任务，同时装备也扩充至 10 架 R-6 水上飞机和 2 架 N-9 教练机，而且飞机的性能也有所提高，不过这个中队没有取得击沉潜艇的具体战果。

　　升任少校的坎宁安从海军招募飞行员以补充由陆战飞机组成的第 2 飞行中队的缺口，这个中队担任侦察和攻击德潜艇基地的任务，但被派往法国时却一架飞机也没有，只得借用英国空军的飞机来执行作战任务；美国陆军航空兵当时也一样，在"一战"时美国居然没有派出一架用于对抗德国的一线作战飞机，使用的都是欧洲生产的飞机，但美国的飞行员却是作战勇敢、屡立战功。至"一战"结束，陆战队飞行团达到了军官282人、士兵2 180人的规模。

人数从1万人发展成约75 000人的大规模组织的海军陆战队，在西奥多·罗斯福总统以及弗拉姆上尉（后升至少将）等对其存在价值的无尽质疑中，参加了"一战"并凭借所建立的战功，终于在美国国民心中占据了一席之地。

第二章

创造新使命——两栖作战

作战计划 712D

"一战"后，美国总统沃伦·G·哈定在其"回归平常"政策下开始实施裁军。在 1921 年 11 月 12 日召开的华盛顿世界裁军会议议定了各国主力舰只的总吨位比例，即美国、英国、日本、法国、意大利按比例为 5：5：3：1.67：1.67。

不过"一战"使美国在太平洋的战略地位发生了不小的变化，即西太平洋的马里亚纳、卡罗林、马歇尔群岛均被日本委托管辖，而作为战争胜者的美国在太平洋地区的势力相较战前反而萎缩了。美国虽然拥有关岛和菲律宾的前进基地，但是这两个岛的航线两侧都是日本委托管辖的岛屿，如果日本在这些岛屿上建立了前进基地的话，将大大削弱美国海军在西太平洋地区的优势。

在这样一个围绕着太平洋的日美关系不稳定的时期，出现了一群抱有革新思想的人试图打破僵局并以此为契机改革陆战队，其中提出极有洞察力想法的是陆战队参谋埃伊尔·H·埃里斯少校。

埃里斯敏锐地觉察到，美日一旦开战，美国舰队必然要横渡太平洋，先决条件就是保证航行顺利，在固守现有的夏威夷、关岛、菲律宾的前进基地外必须夺取日本占领的前进基地。为此他撰写了被誉为军事史上最富于远见的研究论文《密克罗尼西亚前进基地作战》，被当时的海军陆战队司令官约翰·A·勒琼在 1921 年 7 月 23 日正式列为 712D 作战计划，该计划也成为了之后太平洋战争中美国海军陆战队的基本战略原则，也是陆、海军联席会议于1924 年批准的"橙色计划"中对日作战的基础环节。

"橙色计划"不仅仅是一份军事公文，更是海军和陆战队中涌现出的极富才干的骨干军官不囿于军阶高低，在不断地思想碰撞，热烈谈论中所体现出的一种信念，"这其中包含着海军军官的遗传基因"（米勒，1991）。该计划的基本构想是，美军没有必要在亚洲大陆或日本本土与凶悍的日本军队直接交战，应该"掌握制海权进而攻击陆地"，即利用海空力量在太平洋上消灭日本陆军，为实现这一构想，就必须采用两栖作战对散布在太平洋上的日军前进基地逐一夺取。

埃里斯在论文中这样阐述其想法："考虑到我们一直以来的不侵略方针，作为世界老大之一的日本很有可能会挑起战争，而且我确信日本具有足够的战力打击我们的舰队。"并且他还预言太平洋上的战争将由日本偷袭美军为序幕，他提出美军的攻势应沿马歇尔、卡罗林群岛为线向北进攻击日本本土的对策。为执行这种战略性的作战，埃里斯提出了"两栖作战"（Amphibious Operations）的全新概念，并列出基本概要，例如水下破坏组、海岸建筑队、舰炮射击、信号队、空中轰炸支援等。

埃里斯论文的很多方面都是革命性的，他最基本的建议是海军陆战队的新使命应该是进攻性的两栖作战，换言之太平洋上一旦烽烟燃起，两栖作战将成为陆战队最主要的任务。由此他主张陆战队的基本使命不该是最早期的前进基地的"防御"，而应该是向前跨出一步肩负起"夺取"敌方占领的前进基地。

图 2-1　埃伊尔·H·埃里斯少校

埃里斯在堪萨斯州普拉特的高中毕业后，于 1900 年在芝加哥加入陆战队，任下级士官。在美西战争中表现勇猛而广受褒赞的海军陆战队在这一时期活力四射，埃里斯凭借优异的才能，仅用了一年就晋升为少尉。1903 年加入海军"肯塔基"号舰上勤务，在中国和日本驻留了 1 年，之后在 1906 年移防菲律宾。在加入陆战队最初的 10 年里他始终关注着国际影响力不断增强的日本，通过自身的观察和经验坚定了陆战队基本使命是夺取前进基地的信念。1911—1913 年埃里斯在新港的海军战争学校（Naval

War College）学习，撰写了有关夺取海军基地重要性的多篇论文，1916 年升为少校（见图 2-1）；在"一战"的法国战场，他作为勒琼少将的参谋为战局形势困难的布朗·蒙·利兹制订了作战计划并协助实施，因此被授予法国军功章和海军特殊功勋章。

"一战"后，海军陆战队的兵力由 75 000 人削减至 15 000 人，对此埃里斯深感遗憾和忧虑。1921 年 1 月 41 岁的埃里斯被新组建的陆战队作训师指挥官勒琼少将召回华盛顿总部，7 个月之后他就提交了"712D"作战计划。

虽然埃里斯是个绝顶聪明的人物，但也是个神经比较脆弱的人，为解除抑郁症的痛苦，他沉溺于酒精。其在任上尉时就已经患有酒精中毒症，为此还住院治疗过。当时的陆战队军官中有一种小规模的男生友爱会，帮助增进个人私交，在发生困难时众人一起相帮。既是恩师、又是好友的勒琼虽然得知埃里斯患上了酒精中毒症，依对他的才能和他对陆战队无可挑剔的忠诚给予了高度的评价，尽力庇护着他。

在提交了"712D"作战计划后，为了实地确认自己的战略计划并使之更为成熟，埃里斯志愿去日本统治的太平洋各岛屿搜集情报。虽然他酒精中毒的症状已经相当严重，勒琼还是批准了这个请求。1921 年 8 月埃里斯奔赴最后的使命，经澳大利亚、萨摩亚、斐济、马尼拉，于 1922 年 8 月上旬到达横滨时染上了肾炎，住进了横滨海军医院。之后他为避开日本警察的监视,从医院消失了,不久他又登上了帕劳岛。埃里斯在南太平洋各岛屿调查到的结果与他的预期相反,日本军队基本没有将这些岛屿要塞化,因此他也明白了日本方面监视他、防备他的目的,就是想要隐藏这些前进基地防卫薄弱的真相。由于酒精中毒症不断地侵蚀着他的身体,1923年5月12日,埃里斯在帕劳的科罗尔告别人世,也有人说他是从事的间谍活动败露而被日本警察毒杀的,有关他的死因至今依然是个谜。

对海军陆战队来说,幸运的是这个时期的陆战队领导是支持埃里斯的勒琼。勒琼在1920年6月就任海军陆战队司令,他可以说是陆战队历史上最有个人魅力的领导之一,抱有强烈危机感的勒琼认为陆战队不能因"一战"的英勇表现而安于现状,而且陆战队那些英勇的过去所采用的战法是在陆军的指挥下,达到了和陆军部队一样的功能和效果。这种情况如果持续下去,陆战队将不可避免地在某个时候沦为被丢弃的复写纸。他希望民众都能知道陆战队的存在,为此,很有策略地在议会和白宫积极地开展活动,而且他也很清楚如何用合理的方法扩大陆战队的影响,在政策方面为陆战队两栖作战的革新打好基础。例如勒琼与获得两次勇士奖的施密特·巴多拉的父亲下院议员托马斯·巴多拉私交甚密,而作为陆战队终身友人的托马斯·巴多拉在重要的预算案的通过上也曾施予援手。在陆战队缺乏资金，备受官僚体制中的保守派攻击时，为推动革新勒琼也时时与海军及海军航空队、甚至与陆军联手对抗这些外来的不利影响。

在1927年陆、海军联席会议上确定了陆战队以两栖作战作为基本能力担任攻击任务作为登陆部队的陆战队扩大到了和陆军一样的功能，并在1935年的修正案中确定为在海军的作战任务中在必要的情况下可以实施登陆作战。

陆战队不断构建两栖作战思想的过程处于赫伯特·胡佛总统和富兰克林·D·罗斯福总统当政时期，美国社会当时正经历繁荣后的经济危机并在努力克服。胡佛政权在外交方面虽延续了"一战"以来重视欧洲的政策，但也面临着来自太平洋地区巨大的挑战。1930年1月的伦敦裁军会议美、英、日、法、意等虽然对各国的辅助舰只的保有量作出了限制，但太平洋地区1931年9月18日发生"九·一八"事变、1932年3月1日满洲国宣布独立，这些事件的发生导致不安定性与日俱增。1933年3月就任美国总统的罗斯福为应对经济危机，实施了一系列新政即实用主义政策，在外交方面对拉丁美洲各国采取睦邻政策，在力图扩大美国独有的经济圈的同时，对亚洲的日本占领满洲方面的战略则只考虑利用外交手段抑制日本侵略的加剧。在这个时期，可以说海军和海军陆战队在太平洋地区的对日战略构想比罗斯福的以欧洲为重点的外交政策有远见得多。

两栖作战

如果把小规模的战争也算上，那么海战史上的登陆战斗自古就有了。特别是拥有庞大海军的大英帝国时期曾花了很大精力研究过，"amphibian"一词就源于英语，意思是两栖生物。1831年出版的安托瓦努·H·若米尼（Antoine Henri Jomini）①所著《战争艺术概论》一书中，是将其作为海上进攻的部分加以概述的。若米尼认为两栖作战是极少见的作战形式，如果当年拿破仑计划把16万的精锐送上英国以侵略英国本土作为一个宏大试验的话，就会发现战争中有相当多的问题会出现，对此他是如此叙述的：

"此类作战很难揭示其内在规律。对此我唯一能做的劝告要点如下：即在登陆地点的选择上既要迷惑敌方，又要让己方的舰船安全近岸并确保兵员可以连续登陆上岸；应尽力做好战前、战中的士气鼓舞；为掩护登陆部队的展开应首先占领2～3个立足点；为提升登陆部队的士气和担负掩护任务，应派遣部分炮兵部队同时登陆。"

此类作战时运输舰船无法靠岸，因此部队必须操纵小

---

① 安托瓦努·H·若米尼（1779—1869年），瑞士人，法国拿破仑时期的将军，后任沙皇俄国总参谋长，军事理论家，主要著作《战争艺术概论》、《论大规模军事行动》、《战略学原理》。——译者注

型舟艇登陆，这样就会面临一个巨大的问题，那就是这种方式既费时，又会完全暴露在敌人面前，加之海上一旦起大风浪，登陆士兵就会处在巨大的危险之中，舟艇内满载人员装备，在风浪中颠簸起伏，通常都晕船的陆军士兵此时连自己的武器都不能正常使用，在这种状况下会是怎样的结局呢？"（佐藤德太郎译《若米尼·战争概论》原书房，1979 年）

近代的李德·哈特认为随着空中作战能力在移动性和灵活性方面的飞跃发展，两栖作战中防守方的优势地位愈加明显，他指出：

"在异国的敌前登陆是战争最困难的作战行为。现在运输船队只要一接近海岸，就会成为防御方空军的理想饵食。抢滩正面作战更困难，不，基本不可能成功。要重申的就是：乘坐连甲板都没有的小艇抢滩登陆，暴露给空中攻击力量的弱点更明显。"（Liddell Hart,B.H.,The Defense of britain, London, 1939, p.130）

纵观战争史，自中世纪以来只出现过小规模登陆作战，而大规模的两栖作战几近没有战例，就连拿破仑也没有登陆攻击过英国。近代史上唯一的战例，就是"一战"的加里波利半岛（Gallipoli）的登陆战役。

1915 年，当时的英国海军大臣温斯顿·丘吉尔为打破主战场西部战线的僵局，构想了强行突破达达尼尔海峡和博斯普鲁斯海峡打击协助德国参战的土耳其以及支援俄罗斯为目的加里波利半岛登陆的宏大战役。如果战役成功，不但可以打败土耳其，保加利亚也不会加入德国战车，还有可能避免俄罗斯的革命，也许还能提早结束战争。为此丘吉尔投入了以十几艘老式战列舰为主组成的强大舰队以及英国、澳大利亚和新西兰以及法国参加的约50万的兵力，但是没有一点两栖作战概念和经验的联合部队遭到德国指挥下的土耳其军顽强地正面抵抗，联合部队损失了半数以上的参战兵力也没有实现战役目的，历经259天的战斗于1916年1月撤军，丘吉尔因此被问责并解除海军大臣的职务。

埃里斯认为，如果没有对中部太平洋诸岛屿的有效控制，海军就无法有效地开展对日进攻，也难以保障陆军航空部队的供大型轰炸机起降的前进基地的安全。两栖作战最理想的情况如同若米尼在其著作中指出的，混淆敌方对登陆地点的判断并选择在防守较弱的地点登陆。之后的第二次世界大战中由艾森豪威尔统帅的联军在诺曼底的登陆（1944年6月），其中的欺瞒战术就是成功典型。但是太平洋诸岛没有更长的海岸线给攻击方选择登陆地点，因此难以实施欺瞒战术，登陆部队不得不在顽强的守军预设好的工事前强攻登陆。

埃里斯这样写道："为了在敌方有防御的海岸实施有

效登陆，至少要按任务分配进行认真的训练和精心的准备。士兵不仅要士气高昂，兼具陆战、丛林战以及炮兵的技能，他们还应该是熟知两栖作战方法的蛙人兼丛林战士，即必须训练出具备两栖作战技能的陆战队员。"埃里斯的上级军官们也支持夺取前进基地的想法，例如卢夫斯·H·列恩准将就在陆战队的机关报刊文说，海军舰船的水手分不出人手，陆军也没有和海军共同训练过，而且共同作战的指挥系统的不统一使得两军难以协调，结论就是唯一的解决办法就是由海军陆战队来担任夺取前进基地的任务。

埃里斯的报告中重要的一点是，打破了海军传统的思维，提出了登陆部队指挥海军军舰掩护登陆作战的模式，这样陆战队的任务由早前被指挥的单一的前进基地的"被动性的"防守任务变成了夺取敌方前进基地的"主动性的"攻击任务。

登陆作战指导草案

夺取前进基地并不是一个可以简单实现的概念，陆战队内部就有不少人以"一战"的成功经验为根据，认为陆战队的主要任务和陆军一样就是在陆上大规模的战斗。即使到了20世纪20年代后半期的陆战队学校的教员们也基本还持有"一战"时期的理论；另一方面海军也因为传统的舰队作战的需要专心于战舰建造和扩充人员工作，对登陆作战等不甚关心。而且陆战队在1924年到1932年1月期间的头等大事是一直忙于中国和尼加拉瓜的内战和警备等任务。

作为一个组织的任务，属于前进基地部队的海军陆战队实际上之前是海岸炮兵部队的附属，1921年这个组织改编为海外远征部队（Expeditionary Force），编成包括步兵、炮兵、辅助部队（工兵、通信、燃料、战车、航空），接受协同海军舰队行动的训练。理论上来讲，所谓前进基地部队不仅包括防守基地也应该包括攻占基地，1924年1月远征部队的一个大队首次在库列不拉岛举行了大规模登陆演习，远征军司令艾立·K·科尔准将当时叹息道："太混乱了！没有给冲锋舟艇长指定登陆地点，运送登陆部队上岸的冲锋舟一点秩序也没有，有些艇还搞不清方向最后还登上了目标以外的海岸……"但不管怎样，这次演习全程暴露了所有预料中的登陆作战中会发生的问题。

在此期间，陆战队的航空部队为了今后的两栖作战，在航空侦察、低空轰炸、掩护地面部队的机枪射击等方面积累了不少经验。另外在尼加拉瓜的内战中，在补给投送、通信投送、伤员运送、侦察等方面，特别是给予反叛军对垒的地面部队提供空中支援方面取得了重要经验。俯冲轰炸是1919年陆战队最早进行的飞行战术试验，实战使用也是在这一时期开始的。所有的陆战队飞行员都接受过地面战斗的训练，因此他们可以非常清楚地理解步兵所遇到的困难，从而加强了空中和地面部队之间的信赖感。

所有的经历、经验都是摆在海军和陆战队面前为完善两栖作战理论所必须要解决的课题，并且在课题解决的过程中必须进行具体行动上的改善。1933 年 12 月这个组织迎来了巨大的转机，在陆战队副司令约翰·H·勒琼的努力下，陆战队改为舰队海军陆战队（Fleet Maine Force），作为海军舰队的一部分，在舰队司令官的指挥下实施战术行动。这一组织结构上的变革会促使海军和陆战队在两栖作战的时候不得不真正联手起来并肩作战。

埃里斯的论文还阐明了夺取前进基地战术和方法的框架，这个框架终于在海军陆战队学校校长拉德鲁夫·C·巴格雷准将的主持下开始讨论。第一阶段重新审视陆战队学校的教学理论，特别是在将官训练的教学计划中对以陆军规范制订的前进基地的防御和夺取方案做了大幅度的修订，并将太平洋诸岛作为假想敌。

第二阶段是制订登陆作战的指南，罗伯特·邓禄普上校对加里波利登陆战做了彻底的分析后，1933 年 11 月 14 日弗吉尼亚州匡蒂科陆战队学校（MCS）停止使用之前所有讲义，约翰·H·拉塞尔准将、安·H·希尔少校等将校、教官、学生 70 人分成 5 个小组（委员会）开始埋头制订登陆作战指南，挑战军事作战知识的新领域。

以往的指南是海军在 1920 年为登陆部队制订的，在海军的全部760页的指南中只占7页，那时的所谓积累就是以往极少见的两栖作战的战史研究和迄今为止由训练得出的教训，这些资料大都来自于直观和常识以及想象力。航空委员会的领导对于他的小组是这样评说的：

"与其他委员会一样，我们是一手提着灯笼一手拿着蜡烛在寻找答案。但是不管哪一方的光亮都找不到解决问题的答案。我们只有抱着十分谦虚的心态，用上帝赋予的想象力努力去达成目标。我们心怀恐惧和不安去探求结果，恐惧的是我们在这里所写下的东西今后是要给参加战斗的飞行员使用的；不安的是一旦空中支援失误会给地面部队造成伤害。"（伊斯力和克鲁乌，1951年，36页）

1935年7月以查尔斯·D·巴莱特中校为首的委员会终于完成了《登陆作战指导草案》（*Tentative Manual for Landing Operations*），它为两栖作战确立了战术理论和技法的基础。

两栖作战具备地面作战的共同特性，与地面作战最大的不同是两栖作战中部队乘坐舰船经过一定距离的海上运输到达登陆地点，再转乘登陆舰艇，在没有炮兵的直接支援下轻装实施敌前攻击，而这一切都是在目标夺取之前必须完成的工作。两栖作战按照内容和不同分工可以分解成六大要素，即指挥系统、舰炮射击、空中支援、登陆行动和确保桥头堡及后勤。依次展开如下。

1. 指挥系统

海军陆战队与陆军、海军共同参加大规模的传统作战时，由于各部门间存在着竞争意识就会产生指挥系统如何运转的问题。

陆战队是隶属于海军舰队的队伍，因此理论上说陆战队原则上处于海军的指挥下。但是在陆海空联合登陆作战中必须重新考虑联合指挥权的问题。对此海军陆战队分析了20世纪30年代初"一战"中英军加里波利登陆战失败的原因，认为其最大的问题就是三军种之间的协调。登陆作战应该确立明确的指挥系统，应该由一个指挥官统一指挥海军、陆战队、陆军、航空部队等所有队伍。

结论是，参加登陆战的所有部队应该以海军攻击部队的旗舰的司令官为首组成机动部队，这支机动部队应该由实施登陆的舰队陆战队和提供火力支援的单位所构成，后者应该由包括舰炮火力支援、航空、扫雷、反潜、运输、牵制、救助等单位构成，各单位有各自指挥员，处于平行指挥，最终决定权归属海军攻击部队司令官。

2. 舰炮射击

登陆作战部队最大的软肋是从运兵船登艇向海岸进攻和上岸后的进攻中缺乏极其必要的炮兵火力支援。在加里波利登陆战中这个问题尤为突出，虽然可以用舰炮来代替陆军的炮火支援，但是舰炮有以下不足。

（1）舰炮是以舰船为目标而非以陆地目标为打击对象设计的，属于平射弹道炮，对于反斜面或者有障碍遮挡的目标难以达到理想的打击效果。

（2）相比陆军炮火，舰炮的精度难，炮弹有可能落在友军的区域而造成误炸。

（3）舰炮的打击效果受限于舰艇弹仓的容量大小。

（4）舰炮炮弹通常都使用延时引信，若在爆炸前已钻入地下则难以对地面目标造成有效破坏。

为了克服这些障碍，在登陆艇向岸边移动的危险阶段，舰炮必须彻底摧毁敌方岸炮和机枪火力点，使其丧失攻击能力，从而不得不放弃阵地选择暂时撤退；对于舰炮射角难以达到的反斜面火力点，可以发挥舰船的移动性来选择理想的射击角度。为了给登陆部队更多的炮火支援，可以在登陆部队的侧面或者将船的侧舷平行于突击方向齐射，炮火的方向误差会小于射程误差，这样可以解决舰炮精确射击精度不够的问题。

作为舰船和海岸间的联络系统的舰炮观测队要增加步兵人手以协调舰炮射击和炮兵射击与步兵的行动。

3. 空中支援

登陆作战成功的前提之一是确保制空权，为此空中力量至少要保证 3∶1 的优势。

空军的首要任务是侦察，这在陆地战场也是非常重要的，远隔重洋的岛屿登陆区域地形、敌方的防御、装备、阵地布置等情报对于即将实施的两栖登陆作战尤其重要。不过一旦实施空中侦察就会立即被敌方所察觉，因此两栖作战难以达到奇袭战的效果。但考虑到空中侦察所得的情报的价值，牺牲掉奇袭的可能性也是不得不付出的代价。

空军的第二个任务是用战机掩护部队从运输船转乘到登陆艇。

第三个任务是对地面的敌机以及远程火炮实施轰炸。

部队由舰船至岸边的移动过程中，空军的作用尤其重要。空军的战斗机必须打击威胁到登陆部队的敌机，为了保护登陆部队的先锋免受岸炮和机枪攻击，必要时使用烟雾的任务已落在了航空兵身上。另外给第一波舰艇指引登陆目标时也可以使用空军的飞机。最后，最重要的是随着登陆部队接近海岸，为了防止对己方部队的误炸，舰炮会抬高射角延伸轰炸，这时俯冲轰炸机和强击机应该代替舰炮作为"飞行火炮"打击并压制海岸敌方的火力点。

另一方面为观测舰炮射击的弹着点有必要派出观测机。观测机在登陆部队上岸后避免舰炮的误炸以及对内陆目标的延伸打击时尤其重要。在登陆桥头堡建立后，空军应恢复对地攻击消灭或阻滞敌方的预备队或增援部队、攻击地面的飞机、压制防空炮火、支援步兵的推进。

两栖作战中实施空中支援最困难的问题之一是协调舰炮、炮兵、部队移动和战机之间的关系。这实质是一个沟通的问题，通常的陆地战斗中不同的部队之间、前线的步兵和后方的指挥部之间、步兵和炮兵之间可以比较简单地通过无线电、电话或者传令等方式保持联络，但是引入了空军和舰炮支援后，问题一下子变得复杂起来。因此所有的战机必须装备对地、对舰以及战机间的电报、电话双通道联络的无线电。

但是无线电难免会出现故障，因而也考虑了替代手段，即舰船和战机之间的灯光联络信号；战机与地面部队联络的地面标志板、机翼信号、火箭发射、空投邮筒等方法。这些参加直接战斗以外掩护步兵占领机场为的初期阶段的任务均由航母舰载机完成。

在作战的初期阶段应使用所有的手段给登陆部队以空中支援，有人提出最理想的是陆战队应该拥有自己的航母。

4. 登陆行动

这是不弱于步兵突击的海上攻击行动的开始，这个由舰船到岸边的移动不仅是单纯的运输，更是充满挑战的战术行为。

从海上的进攻与陆战不同的是首先使用舰炮攻击。不断接近岸边的登陆部队要尽量保持减少伤亡的队形，在舰炮的掩护下用自己的自动步枪和机关枪冲锋。在最后的阶段舰炮上仰射角，登陆艇上岸，攻击部队登陆。

登陆行动主要的问题在于部队以正确的顺序快速地从运输船转乘到登陆艇，之后就是登陆艇以减少伤亡的队形快速地冲向岸边。物资运送应该按照登陆后部队的展开计划，运输船要装载预定目标的部队、物资并停泊到指定的海域。尽可能不要弄混运输船和登陆艇的关系，让预定部队使用相应的登陆艇。运输船应该正对登陆地点的海岸停泊，运送部队的登陆艇集群应该呈三列排在离岸边2.3 ~ 3.6千米的浮标所标志的出发线后。从那里以并行或波状或"V"字队形等形态冲锋。装载兵员的扫雷艇以及拖船应该随着第一波登陆艇在接近岸边的地方将兵员转乘至小型舰艇。

进攻部队必须轻装登陆，因此在登陆的初期阶段必须同时运送可拆解榴弹炮或轻型战车以加强火力。

5. 确立桥头堡

桥头堡是紧邻海边的，为了保证部队、装备、补给可以连续登陆，保证部队打开作战行动的空间，没有敌方势力介入的重要立足点。为了确保建立桥头堡，有必要采用与陆上战斗不尽相同的各种方法。在登陆的初期阶段主要使用轻型炮或轻型战车，为使这两个装备可以登陆希望开发特殊的平底船和两栖战车。

登陆攻击的主要问题之一是海岸上的混乱，作为对策应该设置由海军和陆战队所组成的海滨管制队和海岸管制队，应该设立中心联络站以保持和舰队旗舰、火力压制舰及舰艇调度队的联络。

这两支队伍应该担任登陆地点所有兵力的调度、部队移动和补给的快速登陆以及伤兵的运送等责任，海军的海滨管制队的权限是从出发线到沙滩为止的兵力、物资运送，指挥官应该在出发线通过与陆战队联络员的沟通，全面调度兵员和补给向海岸的运送。而岸边至攻击部队的补给由陆战队的海岸管制队负责。

6. 后勤

加里波利的教训显示登陆作战成功的重要条件是合理地将部队、补给、装备装船。要假定对敌攻击的方向并以此确定战斗补给单位的装船方式，即为了预定战术展开所必需的补给并和部队同时登陆立即投入使用，战斗所必需的补给、装备必须装载在同一条船上。为此装备和补给应按照部队的需要按顺序进行船舱配置，最高的东西应该配置在特定的离上甲板近的船舱中心，最重要的物资应该放在舱口盖子的下方。在作战后期所需要的物资应放置在船底的货舱，因此在使用商船和异形装备的空间考量时经济性应放在次要地位。因作战需求不同最先卸下的装备应该根据实际情况十分细心地审慎考虑，因为船的平衡问题，还应该在部队战斗的必要性和船的安全性之间寻找合理的平衡点。

为顺利执行这个任务，各运输船必须指定负责运送补给的责任军官，这名军官必须精通船只的设计配置，全盘了解船的储物空间和甲板空间、位置以及各空间的体积，基于这些知识他必须计算出陆战队所运送的所有物资的体积、大小和重量，这样的后勤运作模式可以说是科学的战略输送的先驱。

硬件的革新

1933 年由 11 名成员组成的陆战队装备委员会（Marine Corps Equipment Board）成立了，这个委员会的主要任务就是为两栖作战推选必要的装备。登陆作战所必需的特殊装备包括以下三个方面：①登陆用船艇：用于运输舰至岸边的士兵运送；②平底船：用于运输舰至岸边战车和卡车的运输；③两栖履带车：登陆行动的掩护和登陆地点的确保。

1. 登陆用船艇的开发

在开发的初期阶段暴露出了各种问题，比如舵和螺旋桨是露在船体外面的，在收起的时候会带进海底的泥沙而引起故障；船首过高，下船登陆时士兵和物资不得不从 10 英尺 ① 的高度降下。

登陆用小艇的开发碰了壁，但是很快新奥尔良经营造船业的安东尼奥·J·希金斯打破了僵局，他于 1926 年发明的尤里卡小艇作为登陆小艇的样板推荐给了海军陆战队，这种小艇主要在密西西比河的河口附近使用，因为吃水很浅适合浅滩登陆作战，因为拥有被希金斯称呼为"调

① 英尺为英制单位，1 英尺 =0.304 3 米——编者注。

羹式"的平嘴型的船头和为保护螺旋桨而特制的隧道型船尾，能够安全收起螺旋桨，所以很容易在浅川或浅海使用。

当时已经 55 岁的希金斯是一个精力充沛、富有反抗精神的人，也就是说他也是一个具有"陆战队气质"的男人，厌恶官僚体制以革新的方式经营自己的事业，他的人生哲学是"过程无所谓，有结果就好（Never mind how, just jet the job done）"。

希金斯设计的尤里卡小艇最初登上演习场是在 1939 年，这种小艇唯一的缺点就是士兵和物资不得不从很高的船侧降下，为了克服这个缺陷他引进了"跳板"。1941 年希金斯从装备委员会看到了船首装有前舷吊桥的日军登陆艇的照片，当时希金斯看到的是日本陆军的"大发"艇的跳板，这种跳板就是船头的板向前倒下，成为人员和车辆登陆的跳板。

两栖舰艇的开发在日本以陆军为主进行，日本陆军对于加里波利登陆战研究后得出的结论是有必要开发自带动力的登陆用舰艇，随即于 1927 年开发出小发动艇（小发）、1929 年开发出大发动艇（大发）。装备委员会对希金斯提出了研制跳板的请求，希金斯深为所动，自费制造了带有跳板的尤里卡的原型。这也就诞生了之后在陆战队贺兰德·M·史密斯上将领导的太平洋战争的胜利中比其他任何装备都贡献巨大的人员车辆登陆艇（LCVP, Landing

Craft Vehicle Personnel）的原型。

2. 平底船的开发

和作战人员使用的登陆艇一样，战车以及卡车登陆用的平底船也很难开发。在平底船的开发过程中可以说连续发生了很多失误。在 1926 年的试验阶段曾用装载大炮的15.2 米平底船进行试验，这种船没有自带动力需要由其他的船只牵引，因此没能满足陆战队及海军的需要。不过作为战车登陆用的船尾两个平行的铰链式的跳板是这种 15.2米平底船的长处。1935 年虽试制了装有登陆装置的供车辆以及大炮使用的 15.2 米大型机动平底船，但平衡性不好，在普通的波浪中也会翻船。

根据战车的大小以及重量不同，平底船的大小也要随之进行重要调整。1935 年试制的陆军 4.3 吨的马蒙·哈灵顿战车，虽然可以装上 11.6 米的平底船，不过随着陆战队于 1939 年年底用陆军的 15 吨战车替换马蒙·哈灵顿战车后，海军便开始建造可以装载一台 15 吨战车或两台马蒙·哈灵顿战车的 13.7 米的平底船。

1940 年冬的演习中这种 13.7 米的平底船虽然能满足功能需求，但在这之后发生了因战车侧滑造成平底船沉没的事故。因此在 1941 年 5 月海军又一次想到了希金斯。他在短期内改造了 13.7 米的平底船，制造了适合陆军战车使用的平底船，在 1941 年的夏季希金斯的 13.7 米平底船比船舶局开发的 14.3 米的平底船在速度、重量、操作性等方面都表现更加优异。

1941年秋，为装载陆军30吨的中型谢尔曼坦克，希金斯和船舶局都转而研究15.2米的平底船。在1942年5月进行比较后，希金斯的优势地位依然没有改变，这样希金斯的15.2米平底船作为战车登陆用的标准船，并成为之后的车辆登陆艇（LCM，Landing Craft，Mechanized）的原型。

3. 两栖履带登陆车（LVT）的开发

两栖登陆装甲战车的开发可以说是一系列装备开发中最富创新精神的事例。前述的登陆用船艇和平底船的开发基本都靠希金斯这一民间力量，同样的两栖履带登陆车（Landing Vehicle Tracked）的开发，民间人士也贡献巨大。

两栖履带登陆车的先驱是唐纳德·罗布林开发的水陆两用拖拉机，唐纳德的祖父是知名的纽约布鲁克林桥的设计师科伦奈尔·W·罗布林，其父约翰是一个资本家。唐纳德的开发得到了其父亲的支持，他的目的是为了拯救落入佛罗里达大沼泽地的飞行员以及救助因台风而受灾的民众。开发过程中遇到的最大障碍是自重以及车辆移动的问题，为了获得在水上运动的浮力，不得不减少车辆自重，而且还要考虑如何在水中和陆上都能达到有效的移动。不过，唐纳德还是有胜算的，使用当时的新材料——铝可以解决自重的问题；关于车辆移动的问题，他考虑到了早期蒸汽机船使用的羽毛球形状的履带是否可以一用。他把自己的车子命名为"alligator"[①]，alligator 是一种鳄鱼——短吻鳄，鳄鱼依靠左右脚拨水在水中游动正符合对陆战队战车的比喻。

唐纳德和专业技师们一起开发两栖履带车"短吻鳄"，1935 年完成的 1 号车全长 7.3 米、重 6.5 吨，安装了克莱斯勒的 92 马力的引擎，不过这件作品在性能上没能达到要求，陆上时速 40 千米、水上速度仅 3.7 千米。1936 年改良的 2 号车为谋求轻量化，更换了引擎，因而陆上时速降到了 28.8 千米、而水上时速则提高到了 8.6 千米。

3 号车于 1937 年完成，车子的总长已尽量缩短，并使用了全新的短履带并在诱导轮和固定轮改良的基础上用滑动车轮替换了滑块，使直线式的防滑变成了曲线式防滑。通过这一改良，操作性和水上时速大幅提高。

为适应登陆作战需要，"短吻鳄"经过不断的改良，成为了 LVT。罗布林不太想参与军队的研究计划，虽然海军的开发费用不算少，但他认为一旦自己的研究计划开始启动，就会比在官僚体制下军队工作更快地加速开发。1940年完成的最初的 LVT，即 LVT1（图 2-2）型的开发过程中曾有这样的逸闻：为什么短吻鳄所有样品车的宽度都是 9 英尺 10 英寸（2.99 米）呢？有什么科学上的依据呢？罗布林是这样回答的："哦！那是因为我制造短吻鳄工厂的车间的门宽和大门的宽度都只有 10 英尺（3.05 米）。"

---

① alligator，中文为短吻鳄。——译者注

图 2-2　LVT1 型两栖履带车

两栖作战理论的教育

在硬件开发的同时陆战队也在对它们的操纵者进行着教育，1934 年以后陆战队学校所有课程的内容都从以陆上战斗为核心的陆军教科书变革为以登陆作战的战术和技法为主的陆战队课程。而且教育的重点也不局限于课堂，还安排了磨炼实战的演习。登陆演习（Fleet Landing Exercise）自 1935 年以后每年在加勒比海的库列不拉岛或圣地亚哥的圣克里门得岛、之后移至北卡罗来纳州的新河演习场举行。最初是海军和海军陆战队进行的登陆、舰炮射击、近距离空中支援的演习，之后还邀请陆军举行大规模的协同演习，这种共同演习是在以"狂躁"出名、个性极其强烈的霍兰德·M·史密斯少将领导下推动进行的。

通过这些演习基本明确了两栖作战的概念和原则，并对其进行详细的测试和改良。参加这些演习的有后来在太平洋瓜达尔卡纳尔、塔拉瓦、塞班、提尼安岛、贝里琉岛以及冲绳岛登陆的陆战队第 1 师以及第 3 师，也有在欧洲诺曼底和安其奥等地登陆的陆军的 4 个师。最终以这些士兵为核心，舰队海军陆战队两栖作战的理论在陆战队和陆军之间得以传播开来。

敌前强攻登陆这个充满危险的作战任务需要士兵拥有强健的体魄和坚强的意志以及掌握技能，陆战队的最具备陆战队风格的基础训练是在陆战队基地学校的新兵训练。

新兵训练跟如今一样，从整顿队形、队列开始，20 世纪初，当陆战队规模发展到 8 000 人时才开始考虑有必要进行新兵训练，当时的海军陆战队司令官威廉·P·比德尔在全美设立了 5 所新兵训练营，最后集中到了南卡罗莱纳州的帕里斯·艾兰德和加利福尼亚州的圣地亚哥两处。新兵训练时间为期 8 周，内容包括军事训练、体操、格斗技术以及 1903 式斯布林克菲尔德步枪的射击训练。具有真正陆战队队员整齐划一面貌的新兵训练是从这个时候开始的。

陆战队基地学校从训练开始至结束，基本上整个训练期间的指导都委派给统称为 DI 的下士，将能干的具有实战经验的下士指派为一个小集体的领导来训练新兵的想法未必是全新的理念，但从头到尾始终贯彻这一理念的陆战队新兵训练，则显示了陆战队的独有特色。为了在最短时期内唤起陆战队员的爱国心、纪律、忠诚和友爱精神，这里的训练过程极其艰苦。在精神上锤炼的同时，作为所有陆战队员必须掌握的步枪射击技能也放在了重要位置，1891 年就任的查尔斯·海伍德司令官创立了最初的陆战队军官学校，他提出了"陆战队员都应该成为神射手"的理念，射击训练在"一战"的法国战场、尤其是贝隆森林的战斗中发挥了巨大的威力。

以陆战队为中心的两栖作战正努力向现实推进，但直至 1942 年的夏天，陆战队和海军对敌前强攻登陆还没有足够的信心。两栖作战基本上还只是对战史的研究和直观的推论而产生的作战理论，即使进行再严格的训练和演习也只不过是人为安排的实验，两栖作战理论最终必须通过实战进行检验。

第三章

理论的实践——南太平洋的作战

瓜达尔卡纳尔登陆战

1941年12月8日，日军偷袭珍珠港，太平洋战争随之爆发。当时日军保持着火热的进攻态势，攻占了关岛、拿下了中国香港、占领了菲律宾、新加坡以及荷兰殖民地东印度。1942年1月进攻新几内亚的拉巴岛，3月占领了布干维尔岛，之后也侵占了英属所罗门群岛。

当时即便要向日本开战，也要在欧洲战争结束之前采取防守战略把日本军队压制在太平洋战区。这一观念，用参谋长联席会议的标语牌所写的一句话来说就是"大败德军的同时压制住日军，随后一举击溃（Hold Japan while Germany is crushed，then crush Japan）"。

但是参谋长联席会议的与会者并不都持有这种战略眼光，针对陆军总参谋长乔治·马歇尔和陆军航空兵司令亨利·阿诺尔德上将对远东地区采取的防守战略，道格拉斯·麦克阿瑟将军和厄内斯特·J·金格提督直接提出了反对。借助6月4日和5日进行的中途岛海战胜利的势头，麦克阿瑟主张应该直接攻击拉巴岛，另一位的金格主张在麦克阿瑟牵制进攻荷兰领地东印度支那群岛（印度尼西亚）时应该同时攻占南太平洋的所罗门群岛。

所罗门群岛由6个大岛和众多小岛组成，其中形状像草履虫的瓜达尔卡纳尔岛（图3-1）面积最大（约为日本四国岛的1/3）。瓜达尔卡纳尔岛对面的图拉吉岛曾设有英国的政府机关。金格在接到日军在瓜达尔卡纳尔岛上建造机场的报告后，便赶紧在参谋长联席会议上强行通过了他之前的提案，随即请舰队司令切斯特·尼米兹下令实施他的"瞭望台"作战计划。尼米兹任命罗伯特·戈姆利海军中将为作战总指挥，任命弗莱彻海军中将代理戈姆利担任前线指挥。指挥员还包括海军少将雷蒙特·K·特纳和陆战队第1师少将师长阿雷克桑达·A·范德格里夫特少将。1942 年 6 月 26 日戈姆利通知范德格里夫特 8 月 1 日开始进攻。

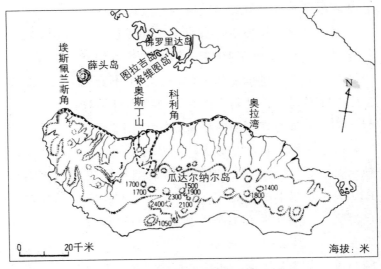

图 3-1　瓜达尔卡纳尔岛

范德格里夫特曾经的志愿是进入西点陆军士官学校，

但是在体检环节被淘汰，因而不得已改投弗吉尼亚大学。在大学2年级时担任上议院议员的朋友推荐他报考陆战队时，他连陆战队的名字都没有听说过，他便向这位议员打听起陆战队来，议员回答说："年轻人，加入了陆战队，你人生的大半会在南太平洋的小型战斗中度过。"1908年12月20日，他以中等成绩考入了陆战队，之后从军33年，这位并非出自军校的将军，还是一个温和有礼的乐天派，大战中他从未使用过"jump"这个词，在这之前的履历中最引人注目的是经过尼加拉瓜热带丛林战的历练后，担任陆战队参谋并开始研究两栖作战理论。

范德格里夫特原本并没有考虑让正在进行两栖作战训练中的第1陆战师在1943年年底前参加实战，但接到8月1日发起进攻的命令后，他开始心中不安了，当时距离8月1日不到5个星期。他对上司提出过异议，但没有效果，剩下的唯有在短期内尽量做好出击准备了。

范德格里夫特此时最头疼的是对瓜达尔卡纳尔岛和图拉吉岛几乎一无所知，他派出负责情报收集的军官乘坐B17去瓜达尔卡纳尔岛实施空中侦察，结果是：机场估计已经完工，滩头防御似乎不甚坚固，日军的兵力在5 000人左右。7月26日，在航母萨拉托加号上召开了作战首脑会议，戈姆利缺席，弗莱彻司令是个把自己定位为打了就跑的指挥官，他说只要部队和物资装备一旦登陆他就率领海军撤离战场。曾经被派遣增援在维基岛被包围的陆战队的弗莱彻就有过以燃料不足为由中途返航的前科，他也坦言不认为这次的作战会成功。虽然特纳少将和范德格里夫特都极力主张在登陆进攻开始后海军和空军必须提供至少5天的掩护，但弗莱彻只答应最多掩护到8月3日，乱作一团的作战首脑会议最终不了了之，没有结论。范德格里夫特于7月28日至31日在斐济的克洛岛举行了登陆演习，他对这次彩排的评价是"彻底失败（a complete bust）"。登陆用的舟艇基本无法越过珊瑚礁，范德格里夫特想到如果滩头构筑的坚固防御阵地一旦完成时，就不禁浑身战栗。战役分2个方向进行，一个是瓜达尔卡纳尔岛，另一个是图拉吉岛，美军的最精锐部队被派往预计会遭到更凶猛反扑的图拉吉岛。1942年8月7日早上6时14分，由3艘巡洋舰和4艘驱逐舰组成的瓜达尔卡纳尔岛方向的舰炮支援群开始舰炮射击，1分钟后图拉吉岛方向由1艘巡洋舰和2艘驱逐舰组成的舰炮支援群也开始发炮。从潜伏在瓜达尔卡纳尔岛西南140千米处航母舰队起飞的85架俯冲轰炸机和战斗机，也参与攻击这两处的目标。6时51分，从平静的海面驶来的登陆舰群接近到离登陆地点约8 000米处，陆战队员开始从绳网爬下转乘登陆艇。

　　参加两栖作战的士兵平均负重38.1千克，可以说是战争史上负重最大的步兵，另外加上自动步枪（9.1千克）或轻机枪（17.2千克）、重机枪（18.6千克）、迫击炮部件

（20.4千克）等，从绳网上降下时一旦没有抓牢，就会从运输船和登陆艇之间坠落，沉入深深的西拉克海峡。

陆战队在登陆图拉吉岛相邻的塔纳伯格岛时遭遇了顽强的抵抗，而在瓜达尔卡纳尔岛却没有遇到抵抗，没流一滴血就上岸了，还有人带着小狗一起上的岸。在舰炮射击开始后，约有600名日本兵和1 400名劳工组成的守军便遁入岛的深处，上午9时09分哈顿上校率领的陆战队第5团在红滩（瓜达尔卡纳尔岛登陆海岸的称呼）正面800米展开，凯茨上校指挥的陆战队第1团紧随其后。

但是粮食和弹药的运送却不甚顺畅，随着时间的推移登陆艇不断送来大量补给，由于负责搬运的人手不够，海滩上物资很快就堆成了山。正式报告中是这样指责这种混乱状况的："对物资从登陆艇上卸下并搬运至岛内的人手预估不足，作业开始后没有立即扩大海岸桥头堡，对海岸及附近的部队没有统一的调配是主要原因"。

8月8日随着日军的陆上进攻和空中攻击，舰队暂时停止了物资运送作业，弗莱彻司令判断把第61机动部队继续留在瓜达尔卡纳尔海域是危险的，于当日下午6时07分向戈姆利司令发出电文："我方的空中战力，从99架减至78架。本区域敌方的鱼雷攻击机、轰炸机数量非常之多，因此我方航母应立即撤退。加之为补充减少之燃料，亦须即刻送回油轮"，也不等回电他就撤退了。有怪"可怕的特纳"之称的指挥运输船队的特纳司令，对弗莱彻比预定时间提前 12 个小时就撤退的行为惊讶之余不禁怒火中烧，谴责这如同"阵前逃兵"。战史研究家塞缪尔·E·莫立松对此评论道：

"弗莱彻有战机 78 架，比中途岛海战开始时还多，燃料就算再支撑几天也该足够了，即使在同一海域继续驻守，损失的充其量也不过是皮肤被晒黑一点而已。"

不过并非所有舰只都撤退了，由英海军少将库拉其列率领 6 艘巡洋舰和 6 艘驱逐舰组成的美澳联合巡洋舰队仍旧驻守在作战海域。另一方的日本在海军中将三川军一指挥下，由 4 艘重型巡洋舰、2 艘轻型巡洋舰、1 艘驱逐舰编成的第 8 舰队于 8 月 9 日凌晨 1 时 30 分许进入萨博岛南面的海峡，用 200 毫米大炮和鱼雷展开夜袭，致使库拉其列的 4 艘巡洋舰沉没，另外 1 艘巡洋舰和 2 艘驱逐舰遭受重创。这是美国海军自 1812 年以来最大的一次败仗。

三川中将在夜袭中大胜，而此时的美军运输船已失去防护，如果三川的舰队继续攻击并击沉运输船队的话，瓜达尔卡纳尔战役也许会发生逆转，但三川停止了攻击。

第一次所罗门海战中用于火力掩护的巡洋舰几乎全灭，但特纳还是坚持运送物资至 9 日中午才离开，尽管如此，当特纳的舰船消失在海平面的时候，陆战队所必需的物资也并不充足，没有雷达、无线器材、铁丝网和战备建材，弹药也仅有 4 天的量，这之后的 6 个星期陆战队的口粮也限定在 1 天 2 顿。

范德格里夫特认为此时已不能再采取攻击态势，他制订了以防御为主的作战计划，其中最重要的是整修好机场。美国海军有称为 SB（Sea Bee，海上工蜂）的海军建设大队，与只有十字镐、绳编网篮的日本海军建筑队完全不同，推土机、动力铲等重型土木机械是其主要装备，他们在登陆后约 10 天内就基本完成了机场的建设，同时还计划构筑防御工事，防御阵地从伦格河流域一直延伸至伊尔河流域。陆战队同时在开挖堑壕，在防御阵地各处建起了重型火力点，7.7 毫米和 12.7 毫米机枪以及 37 毫米的高射炮也都配置完成。另外在机场周围配置了 90 毫米高射炮，坦克也随时待命。

8 月 20 日曼古拉姆中校率领的 12 架"无畏式"俯冲轰炸机从东面在夕阳的光晕中飞来，范德格里夫特在回忆起这个瞬间时说道："这是我的人生中最美丽的景象之一，我热泪盈眶，我觉得不再是孤立无援的。"之后又有斯密斯上尉率领的 19 架格鲁曼 F4F 野猫战斗机着陆。此时的瓜达尔卡纳尔岛，随着今后数周持续激烈的空战，最终确立了海军陆战队的制空权。

铁那尔河畔

瓜达尔卡纳尔的陆上战斗历经 3 个高潮。首先是泰纳鲁河畔的战斗，其次是血染山冈的战斗，第三就是日军的第 2 次总攻。当时日军大本营陆军部一厢情愿地估计美军的反攻时间最早也要在昭和 18 年 [1]，而且在得知美军的登陆部队是陆战队的情报时，陆军部还是以对日本海军的特别陆战队的眼光来推断这只是前进基地的防御部队，即使有进攻也只不过是一种侦察性质的作战或空中的破坏作战，而且登陆兵力明显不足（从约 2 000 人的规模判断），美军素来战斗力较弱，日方想要夺回瓜达尔卡纳尔的兵力即使规模再小也应该尽快派遣部队。根据这个推测大本营于 8 月 10 日派遣划入第 17 军编制的仅 2 000 人的一木支队夺回瓜达尔卡纳尔岛。日军大本营并不知道美国海军陆战队已经完成了任务的革新，从前进基地的防御部队蜕变成了攻占前进基地的部队，也无法预见到太平洋各岛屿的攻防战也变成了美国人创造的两栖作战。

　　一木支队是以旭川第 28 联队为基础组建的步兵部队，曾被当做占领中途岛的主要力量，由于中途岛海战登陆失败，他们在从关岛回国的归途中被紧急调往瓜达尔卡纳尔岛。一木清直大佐曾先后数次担任陆军步兵学校教官，是一个精通战场指挥的职业军人，他坚信只要使用帝国陆军传统的近身白刃战且选择夜袭的话，将能轻而易举地击溃美国大兵。这种自信在他出击前对第 17 军的参谋说的那句话："图拉吉岛也让我的部队去解决吧"中表达得淋漓尽致。

---

[1]　昭和 18 年即 1943 年。——译者注

分乘 6 艘驱逐舰的一木支队先遣队的 900 人在 8 月
18 日夜，在离美军阵地约 30 千米的泰波角上岸，随后也
没有等待后续部队的到来这 900 人就直接扑向了机场。原
计划是一木支队的后续部队在 22 日由两艘大型运输船送
到，28 日再增派川口支队（川口清健少将指挥的步兵第
224 联队），所以常理也许该是等待增援部队的到来并对
战场的地形、敌情进行侦察后再进行总攻。但是由于部队
被要求不要放过战机尽快行动，另外也抱着对方是弱旅的
想法，因此一上岸就匆忙展开行动。19 日的上午他们到
达了贝连地河一线。午后 2 时 30 分派出的 34 人的尖兵小
队实施侦察被布拉修上尉的 80 人的连突然包围并全歼。

　　范德格里夫特得知日本的登陆部队已经上岸后随即命
令部队做好随时战斗的准备，这全得助于海岸巡查员马
丁·克莱文斯和属下的侦察员以及被日军抓住后又逃跑的
当地居民、原警官贾科布·布扎等提供的有关日军的情报。

　　8 月 21 日凌晨 2 时 40 分，一木大佐将部队集结在伊
尔河东侧对河滩的树林里开始攻击，首先用迫击炮和轻机
枪攻击对岸的美军，之后一木大佐率领 500 人越过河滩强
行突击。

　　美军动用了机枪、自动步枪、迫击炮、和手榴弹等武
器还击，很多日本兵倒在河中，即使冲到对岸也被美军的
铁丝网挂住成为活靶，侥幸逃命的日本兵不得不退回了
东岸。

凌晨 5 时日军再度发起攻击，这次一木大佐将部队散开在河口附近的沙滩周围，随着海浪的推动向前进发，并使用了山炮和迫击炮进行火力掩护，进攻方向是海岸边的防备薄弱的美军基地，在那里由埃德温·霍洛克中校率陆战队第 1 团 2 营驻守。

美军从"万岁"的叫嚣声中得知日军已经迫近，2 营的狙击手一个一个地狙杀敌人，一木支队又一次留下了大堆尸体撤退了。陆战队师作战参谋杰拉尔多·托马斯中校向范德格里夫特申请立即追击，他认为此时的河滩以及两岸已经横倒了数百具日军的尸体，如果立即攻击的话很有可能包围残留的日本兵，把他们全都赶到大海里去。

范德格里夫特采纳接受了托马斯参谋的意见并来到了陆战队第 1 团的前线指挥所，发出如下命令："克里斯维尔中校的第 1 团 1 营渡过河的上游，向左改换方向把日本兵赶到海里去。在此期间霍洛克中校的 2 营朝着对岸进行掩护射击，一支轻型坦克小队参加支援，陆战队的航空队提供空中掩护。"

作战很成功，克里斯维尔的部队渡过了河，把日本兵一路赶出了塔克次博。在刚完工的跑道上起飞的美国军机也实施了猛烈的机枪扫射。霍洛克营的炮击和轻武器的扫射也消灭了很多日本兵，坦克碾过日军的尸体冲向沙滩，对这个情景范德格里夫特说："从战车的尾部看那简直就像各绞肉机。"

黄昏前伊尔河的战斗结束了，日军战死800人，被俘15人。生还的官兵大多因伤死在丛林中，一木大佐也最终自杀。陆战队方面仅牺牲43人。

根据各方面的资料来看，伊尔河的战斗是整个战局的转折点。其最重要的就是打破了日军无不战而胜的神话，也证明了对日军战略、战术的赞誉太言过其实。

几天后范德格里夫特在给陆战队司令官哈尔科姆的信中说：

"阁下，我对这种战争见所未见、闻所未闻。日本军人根本就不打算投降，伤兵会等我们的人走近查看时，用手榴弹同归于尽。"

另外塞缪尔·B·格里弗斯中校是这样写的：

"在这个血腥的12小时的战斗出现了一个难以理解的问题。一木的尖兵队基本被全灭，难道他就没考虑到理论上他的攻击意图已经被陆战队知晓了吗？为什么他要那么急于进攻呢？为什么他不去一英里外的上游侦察呢？如果那样的话他的部队不就可以在上游渡河，之后北进从伊尔河阵地的后方突入吗？为什么他两次都用同样的自杀性攻击方法呢？这种自寻死路的战法有何根据呢？一方面是一木大佐所收集的情报不够，但是更重要的是他的目空一切、固执以及令人难以置信的僵硬战术。"

美军的战史对泰纳鲁战斗的总结写的是：

"从此以后，美军海军陆战队战无不胜（From that time on，United States Marines were invincible.）"。

血腥岭

8月末，陆战队的梅里特·A·爱德森中校的突击营从图拉吉岛移防瓜达尔卡纳尔岛，陆军的P40战机增至64架，有86名飞行员可以参加战斗，瓜达尔卡纳尔岛的制空权已逐渐转到美军手上。虽然一对一的空战中格鲁门战机性能不及日本的零式战机，但是陆战队的飞行员创造出两机编队的战术，以相互支援；在单独与零式战机遭遇时，就尽量打光炮弹之后立即返航亨德森机场。另外用轰炸机策应陆地进攻时，为了与后部机枪交互攻击采取了正面攻击的飞行方式。

至9月末，亨德森机场有3名海军陆战队飞行员获得了美军航空兵S（击落敌机5架以上的飞行员）的称号。约翰·史密斯少校击落了19架、马里安·卡尔上尉击落了16架、罗伯特·盖拉上尉击落了11架。另外率领F4U战斗机"黑羊"中队的格列科里·博因顿中尉在整个瓜达尔卡纳尔的战斗中击落了22架敌机。

8月24日"第二次所罗门海战"爆发了。结果美国航母"企业"号严重受损，日本航母"龙骧"号沉没。这次海战是日美两支机动部队的比拼空中力量的海空一体战，双方各有胜负，但是自此以后日军向瓜达尔卡纳尔的运输不得不从白天的大规模船队运输转为夜间利用快速的驱逐舰进行连续运输，也就是所谓的"东京快车"。

经过这样一番辛苦的运送，终于在9月7日川口清健指挥的由久留米、博多、仙台、旭川等4个精锐大队组成的川口支队5 400人，高射炮2门、野战炮4门、山炮6门、速射炮14门并携带约2周的口粮登陆。川口支队为攻击海军陆战队16 000人的这一师，再次祭出传统的夜袭法宝，不过川口支队长考虑到从海岸线突击会遭受驻扎在伊尔河美军的来自东面的攻击而陷入与一木支队同样的命运，因此他决定采取从泰纳鲁河口附近以东的地区潜入丛林迂回至机场偷袭美军的背后，并企图在一夜之间夺回机场。士兵们把这个行动称为"鹬越"，并且斗志昂扬。川口训话道："要在一夜之间突入敌军阵地把他们踢翻，拂晓之前突入海岸线。"

川口支队主力的突击目标是机场西北侧的高地，要进攻这个高地必须首先突破以爱德森上校的主力2营驻防的山冈（左右侧是第1工兵营、第1突击营、后面是戴尔·巴莱上校的炮兵营）为中心布满两道铁丝网的阵地。

这个山冈比周围丛林的树要高，能够俯瞰机场的跑道，是攻击机场的要冲。这个山冈在战役后成为知名的"血腥岭（Bloody Ridge）"或"爱德森山冈"（日文名"蜈蚣高地"），这里如果不拿下占领机场是不可能的。

川口支队的仙台田村营有"夜袭的仙台团"的美名，他们大叫着"万岁"或"陆战队，去死"冲向山冈。爱德森上校站在最前沿对士兵们激励道："你们缺少的只是敌人的勇气。"凯尼斯·贝利少校将退却的陆战队员拉住再次推向战场并用贝洛的森林突击战中唐·达利叫喊的"是不是想着要长生不老？（Do you want to live forever?）"来鼓动士兵反击。田村大队的左翼碰上了爱德森上校的最精锐部队，双方的精英部队在遭遇后都奋不顾身地展开了惨烈的战斗。仅普莱斯炮兵队队长的 105 毫米迫击炮当天就发射了 2 000 枚炮弹，迫击炮达人鲁·戴雅蒙特率领的迫击炮连在敌我之间狭小的空间中极其准确地把炮弹投向了日军阵营。爱德森上校的前任格里菲斯中校之后这样写道："没有戴尔·巴莱炮兵团令人惊叹的支援，血腥岭就可能无法守住。"田村大队长在 14 日拂晓督促各中队继续攻击，但因各队兵力分散极难掌握，不久川口支队队长命令停止进攻。

在瓜达尔卡纳尔战斗中第一次总攻的失败，有着决定性的指示意义。从之后战斗的演变来看，川口支队的攻击是夺回瓜达尔卡纳尔岛机场唯一的机会，在夜袭战打响的

4 天后，美国海军陆战队 7 团的 4 000 人到达，使得陆战队增添了必胜的信心。赛缪尔·莫里松指出，这场战斗是"九月的危机"中最大的事件，他还说：

"这场山冈的战斗是太平洋战争中最具决定性意义的地面战斗之一。胜利归功于爱德森鼓舞部下的领导作用和每一个陆战队员的技能和勇气。这场战斗如果失败，不但会失去亨德森机场，陆战队也将很难控制住这个岛屿。"

日军的第 2 次总攻

开战以来，持续展开快速攻击的日军在瓜达尔卡纳尔岛上于 8 月 21 日损失了一木支队，在 9 月 12 日、13 日两天川口支队的攻击又连续挫败，日本帝国陆军战无不胜的神话在美军面前连遭破灭。至此大本营和前线部队为夺回瓜达尔卡纳尔岛，一举扭转南太平洋的不利战局，决定动真格的了，计划派出师团级的战斗部队以实现夺岛企图。

这次总攻计划一改之前的夜间偷袭转而采用气势逼人的正面进攻，预定运送以第 2 师团为主力的步兵约 17 500 人、火炮约 176 门、0.8 个战役基数的弹药和 25 000 人份的 30 天的口粮。问题是这些军火要实际运送上岸才能补给部队，于是联系海军护航运输船队，并提前一天派第

11 航母舰队的轰炸机对鹿港机场轰炸了两次，而且战列舰"金刚"号和"榛名"号也参与了炮击，特别是称之为"战舰的上门打架"式的舰炮攻击对机场造成了巨大的破坏，美军可以参加战斗的飞机从 90 架锐减至 42 架，B17 的专用跑道也无法使用。但是尽管日军花费了如此大的力气，制空权也没有落入日本人的手中。第 17 军采用"东京快车"运送了约一半的物资，"突击瓜达尔卡纳尔"的运输船队于 10 月 14 日安全到达萨法隆科停泊后便遭到大型轰炸机群的攻击，部队人员虽然全部上岸，但最多只有一半的粮食和 1～2 成的弹药安全运到岸上。尤其重要的是攻占亨德森机场的火炮受损严重，运上岸的野战炮、山炮合计不超过 38 门，而重炮仅有 2 门。

　　如此状况下第 17 军参谋长决定彻底放弃最初大火力、正面强攻的计划，采用之前备受揶揄的川口少将的"鹈越反插"的计划，再次从丛林迂回实施夜间偷袭，川口少将在接到陆战队已加强防御的情报后提出避开爱德森高地的正面而从左后侧迂回攻击的建议，因此在攻击前一天被免职，继任的是东海林俊成大佐。

　　10 月 24 日黄昏，第 2 师团的夜袭行动终于开始了，从左右山脊的丛林中狭窄得只能一字纵队行军的"丸山道"集结到美军阵地前实施夜间偷袭实在是困难重重。路易斯·B·布拉中校的陆战队 7 团 1 营勇敢战斗死守阵地，约翰·巴基龙中士持续用机枪阻击日军直到增援到来，一步也没有后退，此战他获得荣誉勋章。布拉中校参加了之后的朝鲜战争，是陆战队历史上唯一一位5次获得海军特殊勋章的陆战队队员。25日一早开始陆战队与空中贴近支援相互配合，顶住了日军进攻，第2师团的总攻受挫。

范德格里夫特率部追击撤退的日军，在对东海林部队的追剿中，艾庞斯·卡尔松的突击营大显身手，艾庞斯担任过中国抗日战争的战场观察员，学习了毛泽东的游击战术并组建了突击营，该营的口号就是中文的"干活"。历经50天240千米追剿过程中，该大队通过展开局部战斗歼灭日军488人，而卡尔松的损失是牺牲16人、负伤18人。

11月12日开始历时15天的第3次所罗门海战给反攻的日军以决定性的打击。这时的南太平洋战区最高指挥官戈姆利已被换下，被称作"公牛"的威廉·F·哈尔西中将成为最高指挥官。美国人期待这位坚信"进攻是最好的防守"的将军能够提振瓜达尔卡纳尔的战局。此时日军的选择只剩下夜袭机场和等待援军登陆了，包括这两次夜战的一系列的海战，陆战队以太平洋战场上的初次海战而闻名，日军除损失"比睿"号、"雾岛"号战列舰外，还被击沉重型巡洋舰1艘、驱逐舰3艘，而对手美国海军仅损失轻型巡洋舰3艘、驱逐舰7艘。如此，机场攻击受阻、11艘运输船中只有4艘靠岸，对第38师团增援的结果只是作战人员好不容易爬上了岸。

12月31日大本营最终决定放弃瓜达尔卡纳尔岛，在昭和 18 年 [①] 2 月 1 日、4 日、7 日分 3 次，每次使用 20 艘驱逐舰进行撤退，成功撤回陆军 9 800 人、海军 830 人。

被派往瓜达尔卡纳尔岛的日军官兵总共约 32 000 人，其中战死 12 599 余人，负伤后死亡 1 900 余人，病死 4 200 余人，下落不明的多达 2 500 人。而据美国陆军公开刊载的战史：此役参加作战的官兵 60 000 人中战死 1 000 人、伤员仅 4 245 人，而且没有一个美军士兵是被饿死的。

瓜达尔卡纳尔战役的启示

海军陆战队在瓜达尔卡纳尔战役中学到了很多。至 1942 年年末陆战队在岛上攻击日军时已经很清楚怎么做是有效的、怎么做是无效的。

例如：登陆后应在宽阔的正面横向前进，一旦进入丛林就应以纵队方式前进；下午应该提早扎营，留给部队足够的时间开挖战壕，并乘着天亮实施侦察；炮兵队也要观测周边地形，事先定好射击诸元。

登陆作战开始后的火力覆盖，应注意不要让炮弹落在离我军较近的地方，以免士兵精神紧张，火炮观测员应指示炮火在最初阶段轰击日军防线纵深，之后再渐次前移。

陆战队还明白了在岛上的行动常会因为意外而拖延时间，因为几乎没有像样的道路，时速 30 千米的卡车一旦

---

① 昭和 18 年即 1943 年。——译者注

偏离道路，就跟爬行没什么区别了；徒步的士兵一般时速在 1.6 千米左右，一旦进了丛林，就要用匕首或枪刺开路前进，行军速度会慢至四分之一一半；吉普车以及 2.5 吨卡车因为是前轮驱动，所以在高低不平的地方也能发挥机动性；炮兵最喜欢的是有橡胶轮子的东西来帮助搬运。

虽然在防守时战车很有作用，但进入丛林后就无法动弹，瓜达尔卡纳尔的美军的轻型坦克大多损毁于日军的地雷。

通信联络经常是引起烦恼的原因。因为空气湿度很高，无线电很快就会被腐蚀，尤其以无线步话机为甚，应尽可能使用有线的野战电话机。整个作战期间几乎无法实现地空联络，空军难以进行近身支援。

在类似瓜达尔卡纳尔作战中白刃战较多的战场环境，应认真考虑使用武器的重量；适合携带的以 60 毫米迫击炮为最，比这个重的武器在携带上较困难。步兵攻击常采用的战术是避免进入防守坚固的口袋状地带，而是先把这些地方孤立起来，之后再逐个击破。

炮兵的火力在岛上能够发挥巨大的威力，其中 105 毫米榴弹炮比 155 毫米的性能更为优越。美军大多数运用火炮对日军阵地猛烈轰击后，步兵再行突击的战术。

瓜达尔卡纳尔战役中美军的陆战队和海军实际都已经到了仅差一步就全盘尽失的境地，但尽管如此，他们还是在覆灭的边缘尽力支撑并最终在陆战中取得了对日军的首次胜利。

第四章

教义的革新——中部太平洋作战

塔拉瓦登陆战——真正的两栖作战

在太平洋战争中，太平洋舰队海军陆战队主要在两个区域开展两栖作战。一者为上一章所述的南太平洋，另一者为中部太平洋。两个地区作战的地形、作战性质、加之战略概念皆大不相同。太平洋群岛的所罗门群岛和新几内亚有丛林，多雨，且有棕榈树，白沙绵延。在这种地区的作战以所罗门群岛的瓜达尔卡纳尔为典型，属于维持现状的防御战，虽然在最后阶段发起了攻势，但基本还是所谓的"攻势防御"另外，瓜达尔卡纳尔虽有疟疾与丛林的困扰，但还是可以将登陆地点选在没有敌人的地方或至少敌人的抵抗较轻微的地方。继瓜达尔卡纳尔后的新不列颠岛及新几内亚的登陆作战也采取了相同的模式。

反之在中部太平洋方面的作战，情况则完全不同。地形是成列的孤立小岛，能联想到南太平洋岛屿的只有棕榈和露兜树。它们是些被严密防守的环礁或驻扎有顽强守军的小岛。攻击这种要塞必须从一开始就采取进攻行动，而且采取偷袭或战术欺骗的可能性也很小，因为攻方与守方都可以清楚地看出对方的意图。像这样的中部太平洋方面的作战正是早前埃利斯所构想的、海军陆战队学校 1935 年研究的"登陆作战指导草案"为理论基础的敌前强攻登陆的真正实验场，其典型有塔拉瓦岛和硫黄岛的战斗。

1943 年 10 月，美国太平洋舰队总司令切斯特·尼米兹（Chester Nimitz）启动了攻占日军占领下的吉尔伯特群岛的"电流"行动，雷蒙德·A·斯普鲁恩斯中将被任命为总指挥官。决定由拉尔夫·史密斯（Ralph Smith）少将麾下的步兵第 27 师进攻吉尔伯特群岛的环礁之一的马金岛，由朱利安·史密斯少将所辖的陆战队第 2 师进攻塔拉瓦岛。塔拉瓦岛上驻守着包括海军少将柴崎惠次率领的第 3 特别守备队、横须贺第 6 海军特别陆战队 1 122 人及佐世保第 7 海军特别陆战队 1 497 人在内的约 4 800 人，美国海军陆战队与日本海军特别陆战队在此不期而遇，展开了史上首次交锋。

塔拉瓦岛距珍珠港的西南方向约 4 000 千米，是第二次世界大战初期日军在中部太平洋的重要基地——特鲁克岛东南方向 2 000 千米处的环礁，由被珊瑚暗礁环绕着的 38 座小岛构成环礁湖。1943 年，塔拉瓦岛的战略价值正在于其位置。它是吉尔伯特群岛中最重要的环礁，在其中之一的比托岛上驻有日军守备队的司令部，并且拥有群岛中唯一的机场。这个连曼哈顿中央公园面积一半都不到的小岛，其中心到海水的距离甚至不到 300 米。但是它的北面和西面分别是马绍尔群岛和卡罗林群岛的日军基地，南方和东面是盟军占领的岛屿，这个位置扼制住了夏威夷和美国本土通往南太平洋、新西兰、澳大利亚的盟军生命线。

登陆作战的前 1 天，海军陆战队朱利安·斯密斯少将给同样战绩卓著的，在瓜达尔卡纳尔接替并增援海军陆战队第1师的海军陆战队第2师发出如下电文：

"正是由于我们师丰富的战斗经验和优秀的作战能力才被选中去攻占塔瓦拉。不要辜负对我们的期望。我们是攻克环礁坚固堡垒的美军先锋。……后方的美国人民正急切地等待着我们胜利的消息！

将士们为了这个光荣使命刻苦训练，一定可以堪当此任。相信你们的进攻一定可以势如破竹，风卷残云，也相信你们会毫不留情坚决地击溃强敌。你们的胜利将为我们光荣的海军陆战队增添新的荣耀。祝你们好运，上帝保佑你们！"

陆战队第2师的情报官用航拍照片确认出比托岛上的包括4门200毫米口径的海岸炮在内的大量火炮（火炮的口径是根据比托岛机场上的损毁飞机的尺寸推测）与重机关枪座。有关塔拉瓦的守备兵力的规模，则是从一张清晰的照片辨别出岸边的厕所数量，通过估算每个厕所由几人使用而得出了极为接近实际兵力的4 836人的数字。主任参谋戴维·M·肖普（David M. Shoup）中校评价其为"第二次世界大战中拍到的最棒的照片"。并且，他们也从以往的战绩中得知日本海军特别陆战队是劲旅。

不过，塔拉瓦登陆作战有两大问题有待搞清。首先是日本的联合舰队会不会攻击两栖机动部队？第二，在预定突击登陆的当天，水深是否足够登陆用小艇越过比托岛的珊瑚礁？

登陆作战首先应该考虑的是以最快速度登陆，以避免最为脆弱的运输船受到日本舰队的攻击。为此他们考虑取消类似预告敌方的抢滩登陆前的长时间的炮火准备，进而改为在登陆前一天让炮兵部队登陆接邻比托岛的但没有日军驻守的拜里基岛担任攻击的防卫和掩护。

其次，关于强行登陆当天的珊瑚礁上的水深，因此前有很多种潮汐而无法确定，但判断 11 月最佳的小潮在11 月 20 日的早晨。登陆用小艇的吃水最少 2 米，但熟知吉尔伯特群岛的许多英国人都说那一天的水深肯定是 1.5米。在瓜达尔卡纳尔以"血腥岭"一战成名并晋升为陆战队第 2 师参谋长的梅里特·A·埃德森（Merritt A. Edson）上校说："总之，环礁的水深对我们来说应该很勉强。水深可能在 1～1.5 米之间，我们推测水深有 1.2 米左右。这对运送兵员车辆的小艇来说勉强够，但对运送坦克的平底船来说则完全不够了。"

如果登陆用小艇一旦搁浅，那么海军陆战队队员就不得不浸在齐胸深的海水中海岸徒步登陆。因此肖普中校、亨利·C·德鲁斯（Henry.C. Drewes）少校等登陆作战计划的制订者提出让第一波至第三波先头部队乘坐可以越过珊瑚礁的两栖履带式两栖登陆艇车（LVT）登陆。LVT 此前被用来将补给从运输船装运到海岸，其有效性已得到验证。将 LVT 的用途从后勤转为突击是 LVT 的使用方法的战术革新。瓜达尔卡纳尔所使用的 75 辆 LVT1 型尚可使用，另外还可以添加 50 辆新型 LVT2 型。

关于 11 月 20 日的潮汐涨落有一则不吉的预言。曾在塔拉瓦岛居住过的新西兰陆军 F·L·G·霍兰德（F. L. G. Holland）少校说，小潮时期会屡屡发生被称为"躲闪潮"①的不规则变动。如果这样的现象产生的话，就必须重新审视此前的计划。带着这一不确定性，D 日②被定在了 1943 年 11 月 20 日。

突击登陆部队虽在新喀里多尼亚东北方向的埃法特岛上进行过预演，但陆战队第 2 团的指挥官生了病，因此史密斯少将把最为精通师团作战计划的作战主任参谋肖普中校擢升为上校，担任第 2 团的指挥官。"二战"中，美军编订出这样一套机动人事体系：根据作战需求进行此种提拔，并在使命结束后恢复到原先的级别。

---

① Dodging Tide，是指潮汐变化导致一天没有高潮和低潮。

——译者注。

② D-Day，在军事术语中表示一次作战或行动发起的那天。

——译者注。

开始登陆红滩

　　11月20日凌晨4时41分，运输船与火力支援舰停泊在了塔拉瓦环礁的海面上。5点7分，日军的海岸炮台开始了射击，于是旗舰"马里兰"号的400毫米巨炮也对塔拉瓦的日军阵地展开了舰炮射击，2艘战列舰、4艘巡洋舰、9艘驱逐舰中的部分舰只也随之展开射击。不过这次反击却使得"马里兰"号的部分无线电通信机遭到破坏，所以希尔司令失去了和航母舰载机的联络。航母舰载机姗姗来迟，导致当初所计划的30分钟的轰炸缩短到了10分钟。一名前飞行员对攻击效果持怀疑态度"大部分炸弹只不过掘了些超级大坑，或是高高扬起一阵阵珊瑚沙尘，这又恰恰妨碍了其他飞机的轰炸"。当航母舰载机指明了舰炮的弹道方向后，登陆前的舰炮射击就开始了。第一阶段进行了73分钟，第二阶段进行了45分钟的舰炮射击，约3 000吨炮弹投进了比托岛。最后，在第一波登陆前5分钟，舰炮抬升射角轰击纵深，与此同时，战斗机展开了对地扫射。大多数海军与海军陆战队的将校及飞行员都坚信这些炮火轰炸和对地扫射已经给日军决定性地打击了。

　　然而，实际上日军守备队的掩体阵地是由富有弹性的椰树干与珊瑚礁的砂石所构筑的，具有较强的抗击性，即便受到轰炸或舰炮射击也可轻易地吸收爆炸所产生的冲击波。日军在火力几乎没有受到任何损伤的情况下静候美军的登陆。

登陆部队的第一波乘坐 42 辆 LVT1 型履带式登陆车出发，第二波是 24 辆 LVT2 型履带式登陆车，随后的第三波是 21 辆 LVT2 型履带式登陆车。这前三波海军陆战队虽然受到了岸上的攻击，但几乎都登上了海岸。第四波之后的海军陆战队队员所乘坐的登陆用小艇却被珊瑚礁卡住了，他们不得已只能在海水中徒步登陆，在途中受到了许多伤亡。

突击登陆部队分头向三个海岸前进，如图 4-1 所示。红一滩从岛的西北端延伸至与海岸栈桥的大致中间位置，正面宽 650 米。红二滩是片更为狭小的 550 米长的海岸，位置是红一滩之后到栈桥为止的部分。红三滩是从栈桥的东侧到机场的东端的 720 米长的正面位置（滩是指分配给每个战斗团进攻的登陆地区的海岸线）。

栈桥是登陆地区一带的最大防卫据点，因而必须最先将其摧毁。该任务交给了海军陆战队中尉威廉姆·霍金斯（William Hootkins）与第 2 侦察狙击排。霍金斯的部下都是步枪的特级射手。最先登陆比托岛的霍金斯中尉来自德克萨斯州，因其在瓜达尔卡纳尔的战斗中立功而被提拔成为了军官。他率领了 6 个人还携带了火焰喷射器，成功地捣毁了日军攻击阵地的突出部——栈桥。霍金斯在随后的战斗中战死，被授予了荣誉勋章，并以他的名字命名了比托岛机场。

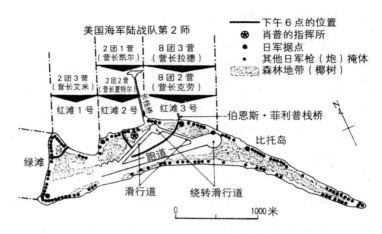

图 4-1　1943 年 11 月 20 日的比托岛攻击

在红三滩，驱逐舰"林戈尔德"号驶入环礁湖中，继续进行舰炮射击直到陆战队登陆的最后一刻 9 时 10 分，因而吉姆·克劳（Jim. Crowe）少校的 8 团第 2 营几乎没有受到任何损伤就登陆并占领了附近的阵地。在红二滩的中央部位，日军的炮火最为猛烈。陆战队乘坐的第一波LVT 在 9 时 22 分就到达了日军阵地前方，但 LVT 却被日军守备队的 40 毫米口径的速射炮打中，队员们一瞬间就被炸到空中，和成为废铁的残骸一起被抛向海面。登上海岸的队员们则被猛烈的射击逼得寸步难行，只能一点一点向前挪。因无线电的故障而处在孤立状态的陆战队员受到了狙击，日军枪声成了攻击的命令。

营部乘坐第三波与第四波间的队列外的小艇，在桥头堡得到保障后立刻准备登陆。准备登陆红二滩的 2 团 2 营营长赫伯特·艾米（Herbert Amey）中校在机关枪的齐射下，还没有登岛就牺牲了。来自陆战队第 4 团的联络官沃尔特·乔丹（Walter Jordan）中校立即代替指挥 2 营继续前进，于午前 10 时左右到达海岸，在弹坑中设定了营部。红一滩的状况虽然好于红二滩，但是营的无线电通信机因浸水缘故发生了故障，部队间的联络往往就这样给切断了。

第四波的主力 L 连的指挥迈克尔·赖安（Michael Ryan）少校的登陆用小艇撞上了离海岸约 450 米的珊瑚礁，于是他拦住了一艘从海岸返回的 LVT，搭乘其向陆地驶去，当他跳下 LVT 登上比托岛转身望去，映入眼帘的是高举枪支前进的陆战队队员们的脑袋。水深逐渐从肩膀到胸部、从胸部到腰部、再从腰部到膝盖逐渐变浅的这600 米路程是最为危险的。珊瑚礁上几乎没有可以用来藏身的地方。当 L 连与 81 毫米迫击炮排抵达海岸时，第四波的伤亡人数已达到 35%。

第 2 团 3 营长约翰·夏特尔（John Chatel）少校看到日军对赖安部队的猛烈射击后，决定暂停 3 营的剩余人员登陆。夏特尔与剩余部队在暗礁处的海面上伺机等候了几小时，但这却降低了上级对 2 团第 3 营评价，夏特尔少校之后被调到了第 21 海军陆战队营。

确立指挥所

肖普上校对登陆比托岛这一战可谓孤注一掷，他乘坐从岸边折返的 LVT 于正午前登陆并在红二滩的占领地中央设立了指挥所。在损伤逐渐增大的悲观状况下，这一举动向海军陆战队传递了要拿下这座岛的坚决态度。由此，他还可以更直接地掌握比托岛上的战斗情况。以最少的损失登陆的克劳少校的 8 团 2 营担任了肖普上校的桥头堡防卫任务。

另一方面，3 营的一部分与从其他部队流入的士兵到达了红一滩的最右侧（比托岛的最西端），归入了赖安少校的指挥下。赖安想要设法攻入岛内，所以不论人数、等级、兵种，只要登陆上岸的，每一人都不可或缺。所幸赖安少校派往海边的 6 辆谢尔曼坦克中未受损而又有的 2 辆并受损，他立刻以这 2 辆坦克打头阵前进，并在 81 毫米迫击炮的掩护射击下，控制住了位于绿滩侧面的日军防御阵地。

为了攻破日军的顽固阵地，海军陆战队采取了这样的配合，即在猛烈的射击掩护下，突击工兵逼近碉堡，用火焰喷射器点燃碉堡内部并用炸药成功地将其摧毁。随处可见日军与美国海军陆战队的近身作战。赖安少校所率领的 2 辆坦克遭到了日军的攻击，都熄了火。由于日军守备队的反击很激烈，所以海军陆战队的损耗很大，所有物资都出现了短缺，因缺少火焰喷射器用的汽油和爆破日军掩体碉堡的炸药，对日军的攻击也屡屡停滞。

日军防御阵地顽强而精准的射击，使得陆战队不断出现新的战死者，但他们仍凭借舰炮射击与近距离空中掩护轰炸努力打开局面。在瓜达尔卡纳尔一战中，地面部队与空中掩护之间虽然共同作战且取得了成效，但这只不过是暂时通过地面的亨德森机场指挥所进行转接的间接通信。在塔拉瓦，进行近距离空中支援的陆战队飞行员使用飞机用多频无线电，以海面上的舰艇为基地，根据地面上的陆战队队员直接的目标指示攻击日军碉堡。据记载，在塔拉瓦航空兵总计出击次数达 650 次，有时是从超低空接近日军掩体阵地进行机关炮扫射，这虽然可以有效摧毁日军的碉堡，但同时也很容易误炸友军，因为陆战队与日军进行近身作战的距离经常就在友军舰载机机关炮扫射的范围内。

D 日的白天战斗结束时，战斗物资消耗得厉害，补给成了大问题。各种枪炮的弹药、医疗品（尤其是血浆）、无线电通信机的零件与电池、炸药、火焰喷射器的燃料、食粮、饮用水等都是必要的，但与在瓜达尔卡纳尔时一样，栈桥周围的海岸一片混杂。从运输船与货船到 LVT 及车辆兵员登陆小艇上的所有东西都被运了上来，且都是杂乱无章地被送上岛上。雷欧·D·弗农（Leo D. Vernon）准将前往栈桥亲自出面收拾这混乱的局面。

夜幕的降临将登岸后已动弹不得的陆战队队员们从来自四面八方的日军激烈炮火中拯救了出来，海滨满是疲惫的陆战队队员们。在这个决定性的时刻，日军既没有使用迫击炮，也没有发动夜袭。陆战队指挥官判断日军的电话通信网络因遭受舰炮射击而被切断了。

11 月 21 日上午 9 时，D·兰斯·海兹（D. Lens Hayes）少校指挥的战役预备的第 8 团 1 营开始登陆红二滩。在遭受了极大损失后，突击波的第一至第四波的士兵们都登陆上岸了。为与 2 团 3 营会合，肖普上校命令海兹展开进攻，但海兹却被日军阵地的猛烈攻击所阻挡。肖普计划让 2 团 1 营与 2 营纵向突破岛屿到达南岸，将日军一分为二。第 1 营营长凯尔（Kyle）少校所组织的 7.7 毫米加 12.7 毫米的重机关枪队功不可没，第 1 营花了一整天，取得了机场滑行道争夺战的胜利，向南海岸挺进。乔丹中校也成功地让第 2 团挺进南海岸与第 1 营会合，将仅存的 50 人并入 1 营，并将指挥权交给凯尔少校。

突破口

21 日取得的最大进展是赖安少校成功地控制了绿滩。幸好海军舰炮射击观测员托马斯·格林（Thomas Green）少尉带着功能完好的无线电通信机登陆，所以在驱逐舰根据格林的指示进行了 10 分钟舰炮射击后，第 3 营在 2 辆在前一天的战斗中熄火后又被修理好的谢尔曼坦克的掩护下，沿绿滩全线前进，控制住了整个西海岸区域安全。史密斯少将认为该报告是"D＋1日最可喜的消息"。由此，可供装备齐全的增援部队安全登陆海岸得以确保障，这也成为这场战役的转折点。

从11月21日至22日的清晨，数辆轻型坦克、大量的37毫米火炮和数门75毫米自行火炮等登陆上岸。其后，毫发无损的6团1营（营长威廉姆·K·琼斯少校）登陆，海军陆战队成功地增强了兵力。虽然登陆的75毫米自行火炮参与了对日军机关枪掩体的攻击，但因自行火炮缺乏防御力，反而被击毁，可见它并没有坦克那样的战斗能力。32吨的谢尔曼中型坦克相较斯图尔特轻型坦克的37毫米炮，凭借其强大的75毫米炮可摧毁钢铁围护的碉堡。琼斯营长与8团2营长克劳效仿赖安少校的坦克与步兵的协同配合，灵活运用谢尔曼坦克、步兵（步枪兵）、突击工兵（炸药筒、火焰喷射器）组成的机动部队。步枪兵狙击日军的反坦克炮来保护坦克，坦克突破日军掩体阵地，突击工兵安放炸药或是发射火焰喷射器。对抱着地雷猛冲的日本兵则还以步枪或机关枪的扫射。登陆后的推土机直接用砂石掩埋日军机关枪掩体，堵住了大量掩体。

美海军陆战队登陆后，曾占优势的日军火力虽葬送了大量陆战队队员与LVT及坦克，但在包括携带火焰喷射器的突击工兵果敢的对碉堡的攻击及谢尔曼坦克、推土机的加入、近距离空中支援和反复的舰炮射击等在内的联合作战面前，逐渐显露出败象。11 月 22 日的上午，海军陆战队的"埋葬"班开始用推土机进行机动作业，为日本兵挖掘坟墓。

11 月 23 日凌晨 3 点，孤立无援的 300 名日军在拂晓前发动的最后有组织的进攻，是他们高喊"万岁"的自杀式突击。海军陆战队运用所有武器应战，他们挺起刺刀迎接日军的肉搏突击，至此战役的大势已定。

当天正午时分，陆战队第 2 师师长史密斯宣布占领塔拉瓦，24 日正午霍兰德·史密斯将军与海军陆战队少将朱利安·史密斯出席了正式升旗仪式。塔拉瓦的日军包括第 3 特别守备区司令官海军少将柴崎惠次所辖的 1 122 人、佐世保第 7 海军特别陆战队的 1 497 人、第 4 舰队建筑分遣队的 970 人及第 111 建筑队的 1 241 人，共计 4 830 人中，阵亡人数达 4 690 人。

美国海军陆战队有 16 692 人参战，海军有 1 396 人参战，死伤者总计有 3 407 人（990 人阵亡）。尤其是对日军展开的敌前抢滩登陆中的 661 人中有 323 人阵亡，死亡率达 50%。为了中部太平洋一个不知名的小岛，3 407 名美国青年在与日军的战斗中倒下了，这令全美的舆论为之哗然与震惊。

塔拉瓦的战训

朱利安·史密斯少将说："我们经历过许多次失败，但我们无法从开头就预知一切。我们学到了很多对将来有所裨益的知识，所以我们的失败比小日本要少"。指挥"伽伐尼"行动的指挥官们在吉尔伯特群岛的战斗一结束后，就指示幕僚们发掘战斗中出现的所有失误与缺陷，详细进行研究并逐一改正。

登陆攻击所用器材的适用性再一次得到研究及改善。例如，认为履带式两栖登陆车装备更厚的优质装甲。自塔拉瓦战役之后，在中部太平洋全部进行以履带式登陆车作为先导的强行登陆。不久后，一个整师的军队登陆时就已配备两个营或更多的两栖登陆履带车。

舰炮射击效果评估技术也有所进步。太平洋舰队在夏威夷群岛的卡胡拉韦岛反复举行了高强度的炮击演习。一部分军舰、尤其是老式的战列舰或巡洋舰变成了舰炮射击的专用舰。海军根据在塔拉瓦的炮击结果，确认地毯式轰炸日军用巧妙的修筑技术所建造的工事来说收效甚微，因此转而对各个目标进行集中炮击。同时延长炮火准备时间，相应地提高单个目标的中弹比例。

从用航母舰载机来确保吉尔伯特群岛上空的制空权这一经验来看，要加强此后作战中的空中支援。快速航母机动部队开发出了一套攻击方法，可以孤立中部太平洋的任意目标据点，甚至还可以攻击像马绍尔群岛中的瓜加林那种位于日本空军基地群中心的环礁。并且对地面部队进行的近距离空中掩护的方法与技术也切实得到改良，尤其是对空通信的改善很明显。

坦克与步兵在塔拉瓦的协同战术虽然没有成为作战理论，但赖安少校、琼斯少校、克劳少校所开发出的谢尔曼坦克、步枪兵、突击工兵组成的机动部队变成了一种运作模式，强调了坦克、步兵、工兵联合训练的必要性。

对无线通信的问题进行了彻底的研究、实验。首先，使已有的接收器完全防水化处理。其次，调来了大批优质的电池，将其添加到登陆作战用的补给中。舰队司令部订购了大量新装备，还建成了搭载有大量通信器材的新型登陆作战指挥舰。

"舰—岸"移动的管理技术得到了彻底的改良。海军与登陆部队指挥官的责任分担进一步明确，登陆计划更具灵活性。并解决了在突击波抵达海岸前的最危险度时期持续进行火力掩护的问题。

概而言之，塔拉瓦的终极战训在于构建将支援步枪兵的坦克、炮兵、工兵、舰炮射击、及近距离空中支援联合起来的有机协作团队及相配合的通信手段。

吉尔伯特群岛的战训被分发到了尼米兹司令指挥的整个太平洋战区。在此后的训练中，针对步兵与坦克的协同战术及火焰喷射器与炸药的使用进行了强化。船舶的乘务人员与登陆小艇的艇长都受到了彻底训练，直到熟练掌握登陆兵员的登陆流程并成为他们的第二天性。在塔拉瓦以后的强行登陆作战中，所有的战局形势都是基于"伽伐尼"行动这一原型的研究的成果。

塔拉瓦战役中涌现出了大批英雄。在以霍金斯中尉为首的被授予了最高荣誉勋章的4人中，只有戴维·肖普上校1人得以幸存，罗斯福总统称赞其"不辱使命、视死如归、勇敢刚强"，并将勋章挂上了他的脖子。海军陆战队少校迈克尔·赖安（由美国授予了海军荣誉勋章，由英国授予了英勇勋章）等人的伟大功绩只体现了海军陆战队的英勇壮举的一部分，因实在无法把所有值得授奖的人全部选出。于是罗斯福总统对陆战队第2师的全体海军陆战队员、卫生兵及海军建筑部队队员给予了如下赞词：

"美利坚合众国总统将对在塔拉瓦战役中包括师指挥部、特别部队（包括第1军中型坦克2营C连）、后勤补给部队、海军陆战队第2、第6、第8、第10、第18团在内的陆战队第2师授予总统部队嘉奖令，我对此衷心感到喜悦。

谨表彰各位在1943年11月20日至24日间夺取并占领日军固守的吉尔伯特群岛塔拉瓦环礁的战斗中的卓著功绩。

暗藏危险的珊瑚礁致使陆战队第2师不得不在离开距

海岸数百米的海面上用登陆小艇涉水登陆，这极容易成为凶顽日军的攻击目标。尽管死伤者不断增加，但海军陆战队仍继续勇敢前进，不顾压倒性的不利条件，骁勇善战，一举将狙击兵与机关枪从狭小的海岸桥头堡肃清，攻陷了修筑牢固的日军阵地，完全歼灭了防守坚固的狂妄日军。

随着塔拉瓦的成功占领，陆战队第2师为我军提供了具有高度战略意义而且非常重要的陆上基地供我们未来继续与日军作战。在中部太平洋战场上，陆战队第2师通过一次次勇敢壮烈的战斗，在日军激烈的炮火下英勇斗志、威武不屈的斗志和坚韧不拔的精神，发扬了美利坚合众国海军部队光荣而伟大的传统。"

第2师参谋长梅里特·A·埃德森上校日后说道：

"是塔拉瓦令我们得以在马绍尔群岛取胜。它关系到贝里琉、塞班、提尼安、关岛、硫黄岛及冲绳。如果没有塔拉瓦之战，或许我们在贝里琉、塞班、硫黄岛就不会取胜。"

硫黄岛的形势

1944年11月末，美国陆军航空队的波音B-29重型轰炸机从马里亚纳群岛起飞，开始对日本本土进行远程轰炸。占领硫黄岛的目的在于获取从塞班岛起飞的轰炸东京的B-29及护卫战斗机的紧急着陆场地，也为了确保掌握日本本土所需的安全且足够的航空及海上基地。之所以在攻占与日本本土南端相连的冲绳之前进行占领硫黄岛的作战，是因为预计其作战难度会相对低一些。

B-29轰炸东京的航线从马里亚纳群岛之一的塞班岛开始，往返需长驱4 400千米，位于东京与塞班中间的火山岛正是硫黄岛。硫黄岛距马里亚纳群岛1 000千米，离东京1 200千米，位于B-29轰炸东京航线的去程中途。硫黄岛的日军对空雷达对B-29的航线逐一进行监视，并向日本本土发去警戒警报。硫黄岛上有两条飞机跑道，第3正在建造当中。日军航空队的战斗机连日在去程航线伏击从马里亚纳群岛起飞的B-29，在回程时也执着地进行攻击，而且日军飞机不分昼夜升空伏击，从1944年12月至1945年1月击落了29架B-29。

从1943年8月起，美军在中部太平洋从吉尔伯特群岛顺着珊瑚礁的岛屿部沿途向马绍尔群岛及马里亚纳群岛的关岛、提尼安及塞班岛展开进攻。

1944年6月15日，约瑟夫·J·克拉克（Joseph. J. Clark）上将所辖的机动部队中由特纳司令官指挥陆战队第2、第4师出动总兵力40 334人，乘坐600艘登陆艇开始登陆塞班岛。针对美军此次反攻作战，联合舰队司令官丰田副武下令于1944年6月15日发动代号为"阿号"的作战任务。"阿号"作战的目的在于将联合舰队的主作战区域由中部太平洋以南移至新几内亚北岸，并将决战兵力集中于该范围，迎击美国机动部队并在海上将其消灭。然而，当时日本的航空兵力的现状是：在中途岛作战中丧失了优秀的战机飞行员，现有空战人员缺乏训练，补给线过长，缺乏航空燃料等情况发生，在帕劳岛甚至缺乏巡逻机日常所需的燃料。

1944 年 6 月 15 日，美军舰载机第一次对硫黄岛进行空袭，37 架零式战斗机展开迎击，但仅仅只返回了 9 架。6 月 19 日，日军在马里亚纳海遭遇了美机动部队，但日本方面却以航母"大凤"号被击沉，"翔鹤"号、"飞鹰"号沉没，损失 393 架飞机的结局大败而归。日军飞机在美军的 VT 引信装置的高射炮弹下相继被击落的样子被嘲笑为"马里亚纳火鸡大捕杀"。如此一来，中途岛后日本海军妄图起死回生的"阿号"作战以巨大损失告终。此后，日本海军再也无法组建机动部队，事实上停止了有组织的海上兵力集结。马里亚纳海战中，日本联合舰队航母战斗群的丧失和空战兵力的急剧减少，导致日本海军在中部太平洋战区丧失了制海权及制空权，对美军而言，夺取硫黄岛具有很高的战略重要性。对要从塞班岛跨越 2 200 千米距离飞往东京的 B-29 来说，硫黄岛不是绝佳的备降场地，其位于塞班岛至东京约一半距离的 1 200 千米处，非常适合做空袭日本本土的战略基地。

日本大本营以驻守小笠原群岛的父岛要塞守备队、要塞步兵队为基干，组建了第 109 师团来守卫硫黄岛，天皇亲命栗林忠道中将担任师团长。栗林忠道中将于 1927 年在美国的布里斯堡接受过骑兵训练，也有过在加拿大担任日本帝国大使馆武官的经验，通晓美国的工业基础知识，是位可以客观地面对现实的智将。他说："唯有美国不应与之开战。其工业潜力巨大，国民富有活力且有才干。不能低估美军的战争能力。"

　　栗林中将的革新之处在于摒弃塔拉瓦的水边歼灭战的想法，采用让士兵潜入地下、通过纵横挖掘的地洞进行长期持久战的战法。在塞班、提尼安岛、关岛及塔拉瓦，丧失制海权与制空权的守备队皆是进行水边作战后在短短几天内被彻底歼灭。但唯有中川州男大佐指挥的贝里琉岛采用了纵深防御法，相较塔拉瓦的 3 天、塞班的 23 天，他指挥的令美国海军陆战队付出巨大代价的长期持久战长达 73 天之久。这是因为在水边消耗兵力只不过延迟了美军的登陆，而纵深防御战法则是后退到远离海岸处构建主防御阵地以避开海军舰炮的破坏力，守兵不进行无益的"万岁"攻击，而是通过利用地形构筑的阵地网来彻底进行抵抗。栗林正是参考于此。

　　但硫黄岛是座难守的火山岛，水质很差，连挖地道时也会从地下喷出强烈的蒸气与二氧化硫，因此对人体力的消耗也十分厉害，不得不每 5、6 分钟一班交替进行作业。

缺水的问题也十分严重，物资甚至匮乏到修建从岛南端的折钵山到岛中央的火山台地的地下通道都会受阻的程度。

日本在丧失制空权与制海权的情况下是无法实现一举消灭登陆的敌方兵力的，因而要通过硫黄岛的地下通道，在无处不在的阵地自如地进行火力反击，将美海军陆战队牵制在硫黄岛，使他们付出巨大的流血代价，即后退式防御的思想观点。栗林中将为了实现这一战术，说服了一直以来坚持进行水边歼灭战的陆、海军指挥官，随即进行一部分反对派的人事变动。栗林对全军下达了后退式防御的六条训诫。其中一条是："吾等以一敌十方死而无憾，虽存一人犹须游击扰敌。"

日军硫黄岛守备队的陆、海军中，陆军有 13 960 人，海军有 6 000 人，共计 19 960 人。洞窟式通道有 18 千米长，地道连接着对美军的占领作战产生巨大影响的 750 个掩体阵地，日军在折钵山挖掘了 6 千米长的地道，准备经受持久战，但由于大本营缺乏对硫黄岛的战略价值的基本认识，因而放弃了海、空的支援。

美国方面，总指挥官由海军上将雷蒙德·A·斯普鲁恩斯（第 5 舰队司令官）担任，联合远征军（第 51 机动部队）司令官由海军中将理奇蒙德·凯利·特纳（Richmond Kelly Turner）担任，联合远征军副司令官由海军少将哈里·W·希尔（Harry W. Hill）担任。远征军司令官由海军陆战队中将霍兰德·M·史密斯担任，登陆军司令官由第 5 两栖军司令官哈里·施密特（Harry Schmidt）少将担任，参谋长由威廉·W·罗杰斯（William. W. Rogers）少将担任。第 5 两栖军包括陆战队第 4 师、陆战队第 5 师、陆战队第 3 师共计 70 647 人、及陆军特遣部队的 40 661 人，总数达 111 308 人，是历史上单一指挥系统作战的最大规模的部队。舰队由特纳中将直辖，是一支包括 4 艘指挥舰、8 艘战列舰、12 艘航空母舰、19 艘巡洋舰、44 艘驱逐舰、43 艘运输船、63 艘大型坦克登陆艇（LST）、31 艘中型坦克登陆艇（LSM）在内共计 485 艘船只的庞大舰队。

登陆物资的量自不必说，种类也多得惊人。铅笔、血浆、卫生纸（堆放在登陆艇最后部，且附有须盖上防水布以免被浪打湿的说明）、火柴、汽油、袜子、弹药、木制十字架（用于阵亡者的坟墓）、饮用水、焊棒、垃圾箱、打火机的火石、食品、汽车的火花塞、毛毯、信号弹、军犬的犬粮、地图、圣水（用于天主教的弥撒）、烟雾弹、油漆、鞋带、指纹采集墨、电池、岩石粉碎器、卷烟、沥青工具。仅第 5 师就准备了一亿支卷烟及供俄亥俄州的大都市哥伦布消耗一个月的食品量。还在航拍照片定好了墓地的所在。海军陆战队的章程中甚至还指定了墓穴的深度与间隔，例如，两具遗体的中心线间的距离是 90 厘米，一列埋葬 50 具，列与列的间隔为 90 厘米。尸体埋葬班在登陆第一天与推土机一同登陆，挖出 2 米深的坑。甚至还准备了填坟包的木质模具。硫黄岛的海军陆战队阵亡者的遗体在 10 年后被逐一挖出，由至亲决定最终的长眠地。

登陆正面定在了硫黄岛东海岸，计划由第 4 师和第 5 师担任首攻，第 3 师则作为预备队，定于首攻部队登陆后第三天上陆。由于硫黄岛的地形狭小，因而决定尽可能缩小师属炮兵的规模，并尽量利用空中支援。所要登陆的海岸的长度从折钵山的北端到南码头约有 3 500 米长，是片黑色沙滩，被划分为 7 个区域，如图 4-2 所示。从靠近折钵山起向右依序命名为绿滩、红 1 滩、红 2 滩、黄 1 滩、黄 2 滩、蓝 1 滩及蓝 2 滩。

第 5 师的第 28 团登陆绿滩，第 27 团将登陆红 1 滩及红 2 滩两个区域。登陆绿滩的第 28 团的一部分将攻占折钵山，主力则踏上东海岸挺进岛中央部，前进至 0-1 线。另外，第 28 团的 3 营将登陆红滩或绿滩，第 26 团 1 营也将登陆红滩或绿滩，其余第 26 团部队作为预备队。

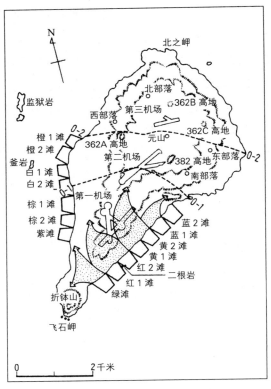

图4-2 美军对硫黄岛的登陆计划

第4师第23团将登陆黄1滩及黄2滩，占领元山地区的第1机场，并挺进第2机场，到达0-1线。第25团将登陆蓝1滩，与第23团共同前进。然后第24团将作为预备队登陆蓝滩或黄滩。第3师将作为战役预备队，其第9团将登陆黄1滩及黄2滩，第21团将登陆红1滩及红2滩。

此次登陆作战，史密斯中将与施密特少将向海军请求让巡洋舰战队及 3 艘战列舰持续实施 10 天舰炮射击，但海军以正进行东京空袭，航母与快速战舰无法分身为由，并没有答应请求，史密斯中将等人再次要求进行 9 天舰炮射击，最终海军决定只进行 3 天舰炮射击。

硫黄岛登陆作战

1945 年 2 月 17 日，包括 6 艘战列舰、4 艘重型巡洋舰、1 艘轻型巡洋舰、及数十艘小型炮舰在内的 100 多艘舰艇在硫黄岛集结并将其包围，进行 3 天炮击。同日，未在攻占塔拉瓦时投入作战的近 100 名蛙人下海寻找海底阻挡舰艇的障碍物。

威廉·H·P·布兰迪（William H. P. Blandy）少将坐镇的指挥舰"埃斯特斯"号指挥了开始登陆前的舰炮射击。各舰都被分派到了各自分工的区域，如图 4-3 所示。但它们并不是随意地进行狂轰滥炸，而是先确定特定的目标再进行炮击。但实际情况是硫黄岛上空云层低垂，因此效果并未提高。

2 月 18 日，美军舰艇一整天都在反复进行舰炮射击，舰载机一共出动了 612 架次。结果，折钵山山顶 1/4 被炮击削平，日军的 8 座 120 毫米水平炮台被尽数摧毁。

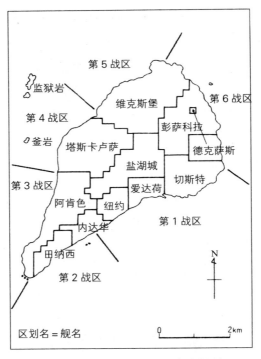

图 4-3　2 月 18 日的舰炮射击区划

　　2 月 19 日早上 6 时 40 分，战列舰"北卡罗莱纳"号与重型巡洋舰"旧金山"号的 40 英寸炮开始向硫黄岛的日军据点齐射。在 5 艘战列舰、4 艘重型巡洋舰、3 艘轻型巡洋舰、10 艘驱逐舰的一齐射击下，总计发射了约达 8 000 发炮弹。不过这些炮击也并未对深藏在地下洞窟中的日军造成重大打击。

第四章　教义的革新——中部太平洋作战

登陆用装甲登陆艇的第 1 波于上午 8 时 30 分驶离出发线，于 8 时 59 分靠岸，之后截至第八波，共有 9 000 名海军陆战队队员登陆硫黄岛。形成登陆部队右翼的登陆地点的海岸位于硫黄岛南端的折钵山与深入内陆 0.8 千米的主机场之间，长 3 600 米。第 5 师的主力将在南端登陆，横穿岛的最窄部，直插岛中央部，与此同时，第 28 团将进攻折钵山。第 4 师则计划在北端登陆并向机场挺进。

在第 1 波部队登陆后，巧妙掩蔽着的日军阵地所发出的炮火愈加猛烈。美国海军陆战队队员登陆的海岸不久就被尸体与损毁的小艇所覆盖。在没有友军保护的最北端登陆的第 25 团 3 营正面暴露在日军猛烈的射击之下，900人中只有 150 人幸存。海军陆战队登陆集结在两栖坦克后开始向内陆部进军，但不一会儿 20 辆坦克都熄了火，海面上的坦克登陆艇（LST）也被击沉 3 艘。2 月 21 日，作为预备队第 3 师登陆，布置在计划进攻岛中央的第 4 师与第 5 师之间。

日军的火炮观测员从折钵山顶上灵活地下达指令对登陆军展开炮轰。向折钵山进军的第 5 师第 28 团 1 营的损失很大，前来支援的 3 营到达后也损失不小，最终 5 营 C连的 14 辆谢尔曼坦克、2 辆喷火坦克、1 辆战斗推土机、以及 1 辆坦克回收车赶来救援，到达第一线的有 6 辆坦克，其中的 2 辆总算得以参加同日军的战斗。

2月20日清晨，战列舰"华盛顿"号在盘旋于折钵山上空的轻型飞机的引导下，一面修正着弹点，一面进行了持续10小时20分钟的舰炮射击。喷火坦克的登场成为了突破日军阵地的一大转机。火焰喷射攻击堵住了日军碉堡阵地的枪眼，使其内部充满火焰，瞬间封杀了日军激烈的火线。日军防守阵地一线终于得以破坏。但到傍晚为止，海军陆战队的3营前进了500米，第2营只前进了600米，第1营也只前进了1 000米。

截至21日黄昏，第5师第28团的残存人数不到战斗力的25%，已完全丧失了作为团的功能，几乎处于完全被歼灭的状态。此外，7辆坦克中有5辆已因日军守备队的炮火而熄火。

2月23日，第28团2营3排的40人在哈罗德·G·斯瑞尔（Harold G. Schrier）中尉的带领下登上折钵山顶，插上了星条旗。海军部长詹姆斯·福莱斯特（James Forrestal）在特纳司令官的旗舰上看到了这一场景后，对霍兰德·史密斯中将说："插在折钵山的旗帜意味着海军陆战队今后还将继续存在500年。"第二次插上更大的星条旗的场面由摄影师乔·罗森塔尔（Joe Rosenthal）所拍摄（见图4-4），这张具有纪念碑意义的照片获得了普利策奖。

图 4-4　插在折钵山的星条旗（WWP 提供）

　　然而占领折钵山只不过是硫黄岛之战的开端。从岛中央向机场前进的战斗虽不具戏剧性，但却更为血腥。大部分经过巧妙伪装的蜂巢状的日军主力的防御据点（壕沟）就埋伏在海军陆战队前进的高低不平的地形之中。为了将它们突破，只得采用拔塞钻战术（Corkscrew Tactics），靠坦克、步兵、突击工兵的组合小队一寸一寸地推进，即用烟幕、火焰喷射器、高性能炸药将好几百个据点缓慢地逐个拔掉。

在欧洲战场不敌德军坦克的谢尔曼坦克被投入塔拉瓦及其后的太平洋群岛战役之中，压制住了日本的轻型及中型坦克。日制97式中型坦克的37毫米炮无法穿透谢尔曼坦克的装甲，多数情况下，西竹一中校所指挥的坦克第26联队的坦克像步兵一样隐藏在堑壕之中而被用作炮台。

岛中央部以第9团为主导的陆战队第3师在陆战队一半火炮50%的火力及谢尔曼喷火坦克的支援之下，耗时3天将日军逐步逼向北边，夺取了元山（第二）机场。陆战队第3师师长格雷夫斯·B·厄斯金（Graves B. Erskine）少将与霍兰德·史密斯中将一同经历多次战役，培养了多名史密斯—厄金斯派的海军陆战队指挥官。厄金斯少将于3月7日拂晓对日军展开了可以称之为豪赌一场的偷袭，从而最终打开了从中心到北部海岸的突破口，截断并孤立了栗林中将的部队。

就这样，善于运用综合作战的美军凭借其压倒性的火力逐渐逼得日军无路可走并将其消灭。3月6日日军尚可守住海军司令部附近，但在3月26日早上5点15分，陆、海军约300人有序地展开了最后的自杀式进攻，后来一部分人冲进元山、千鸟（第一）两个机场，最终战死。

日军陆、海军有战死19 900人，负伤1 032人。美军战死6 821人，负伤21 855人，以多出日军死伤者7 744人的损失为占领硫黄岛付出了代价。登陆的24名营级指挥官中，多达19人战死或负伤。切斯特·尼米兹上将赞叹道："在参加硫黄岛作战的美国士兵之中，非比寻常的勇气是大家共同的美德。"

硫黄岛的战训

可以说硫黄岛是以量制胜，但如若缺乏两栖作战的理论、训练、勇气及不屈的斗志，想攻克硫磺岛也难以成功。硫黄岛作战所涉及的确保制海与制空权、通过舰炮及近距离空中支援提供压倒性的火力打击、整合熟稔两栖战术的攻击部队等方面堪称两栖作战的经典。实际上，再也没有一座岛比硫黄岛的两栖作战更为困难了，栗林中将的战术十分优秀，执行也很完美。然而，硫黄岛之战证实了：不论地形如何难攻、防御要塞如何完备，只要确保制海与制空权并进行舰炮射击及近距离空中支援，就可以通过两栖攻击夺取岛屿。它是两栖作战理论最重要的验证，它也使人坚信：只要熟练掌握灵活运用，就可以展开更大规模的作战。

不过，也存在些问题，最大的争议在于海军舰炮支援不够。霍兰德·史密斯批评道："如果海军多加协助，海军陆战队的死伤或许会更少。"硫黄岛不仅有地下要塞，还有地面要塞（航拍照片中辨别出724处），因此有人指出理应通过延长舰炮将它们摧毁。海军陆战队与海军在舰炮支援方面时常对立。海军陆战队强烈认为：海军只不过将海军陆战队送往陆地，冒着生命危险的还是海军陆战队，海军陆战队和海军应当是平等伙伴关系。

硫黄岛的重要战训之一在于火炮的运用技术与战术。炮兵营的 105 毫米及 75 毫米迫击炮未能摧毁日军坚固的防御阵地。就算是 155 毫米炮，要想对阵地造成损伤也需要 10 ~ 12 发炮弹。因此，须请求舰炮与近距离空中支援的协助，于是在硫黄岛上首次设立了火炮（陆）支援协调中心（FSCC）。FSCC 的功能是进行协调以便更有效地使用舰炮（海）与近距离空中支援（空），其由约翰·S·莱彻（John S. Letcher）上校及隶属其下的海军舰炮指挥官与登陆航空支援统管部门的工作人员所构成。FSCC 的基本形式在其后的冲绳作战中也发挥了应用。

虽然占领硫黄岛付出了巨大牺牲，但却拯救了更加重要的飞行员的生命。直到太平洋战争结束前，有 20 000 名受损飞机的飞行员及乘员组曾降落硫黄岛，如果没有硫黄岛，或将失去他们中的 1/4。由于可用战斗机进行护卫，因而 B-29 可能在更低高度下更精准地投下炸弹轰炸日本。

冲绳登陆——水陆两栖作战的完成

冲绳之战是继硫黄岛后最大的战斗，其展示了"二战"中两栖作战的最终完成形态。第一阶段是进行空中轰炸以削弱敌方攻击力。1944年10月10日，快速机动部队从空中对冲绳进行猛烈轰炸。翌年1月到3月，快速机动部队反复进行空中轰炸。在2月与3月，来自西南太平洋与马里亚纳地面基地的美军飞机也连日进行了空中轰炸，并拍摄了详细的航拍照片收集情报。

图4-5 向着冲绳海岸前进的履带式两栖登陆车群，在后方可以看到战舰

在登陆冲绳本岛6天前，为了确保地面基地及舰队锚地，陆军的一个师（第77步兵师）登陆并占领了距冲绳西面24千米的庆良间群岛，继而又占领了冲绳本岛西面的庆伊濑岛，并从此处对本岛南部实施舰炮射击。两栖作战支援部队的战列舰、巡洋舰、驱逐舰开始进行舰炮射击来削弱登陆地点的抵抗，一开始它们从冲绳的西部海岸洋

面用高弹道越过在海岸附近活动的扫雷艇的桅杆进行射击，随着水雷逐渐被排除而向海岸靠近并转为对防御阵地的平射炮轰击。同时，航母舰载机攻击由于地形原因被遮住而使得舰炮无法射击到的内陆目标。比如炮兵阵地、桥、机场等。最后，在登陆前一天，海军的水下破坏班排除了两栖部队靠岸时的水下障碍物。

1945 年 4 月 1 日，一个复活节的星期日，多达 1 300 艘海军舰艇集结于冲绳西海岸洋面上。登陆第一阵列靠岸前，10 艘战列舰、9 艘巡洋舰、23 艘驱逐舰共发射了约 45 000 发炮弹、3 300 发火箭弹、22 500 发迫击炮弹。此外，庆伊濑岛的 155 毫米炮"长脚汤姆"也加入了炮击。

航空支援部队在早上 6 点 50 分到达目标上空。10 分钟后，移乘登陆艇作业开始了。在渡具知海面上的运输船队，各部队攀着换乘用的绳网移乘到登陆艇上，与此同时，搭载有兵员或武器的两栖履带登陆车从坦克登陆艇的跳板驶出。坦克登陆艇浮上登陆船的满水甲板向前出发，装备有浮升装置的两栖坦克则从坦克登陆的舱口冲入海中，朝着海岸前进。

在海面上，指挥舰标明了各攻击部队的出发线。上午 8 点，两栖履带登陆车与登陆艇在出发线后方编队组成攻击波后，指挥舰落下信号旗，第一波两栖履带登陆车排成约 13 千米的一横排，向海岸突进。

打头阵是炮舰，它们火箭炮、迫击炮、40 毫米机关炮齐发，共同向前推进。此次炮击深入登陆地区 1 千米，采用的是在每 100 平方米内发射榴弹、迫击炮弹、火箭弹等计 25 发的地毯式轰炸。在攻击波靠近岩礁后炮舰群及指挥舰退向两边，两栖履带登陆车在没有护卫的情况下前进抵达海岸。炮舰射击刚停止，两栖履带登陆车就接着用 75 毫米榴弹炮攻击正面目标。然后，数百艘两栖履带登陆车分成 5～7 波，相继向海岸进发。

当攻击第一波前进至距海岸 400 米处后，舰炮射击的目标就从海岸移向纵深的目标。接着，在上空待命的舰载机冲进登陆地区，反复进行轰炸与机枪扫射。截至上午 8 点 30 分，第二波开始在目标海岸靠岸。尽管登陆地点有岩礁或日军迫击炮的阻挠，但陆军第 24 军 6 个营仍乘坐两栖履带登陆车分成 6 波前进，成功地登陆了比谢川的南面海岸。

当初担心的坚固的护岸壁也被舰炮射击打开了突破口，而且第一波前进的工兵队还爆破了剩余的护岸壁，扩大了通道。紧随其后的两栖履带登陆车，沿着这条新通道前进，并横向散开掩护步兵的左右翼。装载有迫击炮或坦克的登陆卡车登上陆地，扩大了登陆部队的阵地。在比谢川的北面海岸，海军陆战队第 3 远征军向着海岸进发，在那里也同样如此登陆上岸。

第一波开始登陆后还不到 1 小时，陆战队第 1 师、陆战队第 6 师的先头营已全部登陆完毕。在比谢川的南面，陆军第 24 军的第 7 步兵师、第 96 步兵师的先头营也已登陆完毕。如此，在"冰山"作战的开始 1 小时内，第 10 军就已让 16 000 人以上的作战部队登陆上岸。日军在冲绳采用了与硫黄岛同样的战术，不在水边作战，而是用内陆战迎击美军，因此不流一滴血就成功登陆简直就像是"愚人节玩笑"，这标志着两栖作战模式已经成型。

　　冲绳之战结束了美军在太平洋战争中的进攻阶段，转而进入包围阶段的战斗。之后只要耐心持续进行海空攻击，就可以确实地看到最终胜利。原本"橙色计划"是基于如下假设而设立的：只要消灭日本的海军空军战斗力，那么就无须在亚洲大陆或日本本土与凶顽的陆军交锋即可给日本经济以致命打击。现在这一计划得以实现，如果 1943 年末前由海军陆战队与海军创造的两栖作战的理论和方法论不正确的话，或许橙色计划的核心——中部太平洋的突击登陆作战就无法实行了。

　　此次冲绳登陆作战发生在 1945 年 4 月。"一战"中失败的加里波利登陆战也发生在 30 年前的 4 月。海军陆战队在这 30 年间，通过多达 26 次的两栖作战实践，完成了它的理论、完善了它的技法。

第五章

向革新挑战——超越两栖作战

朝鲜战争

第二次世界大战末期，美国海军陆战队有 2 个师、47.5 万人，到了大战后的 1950 年被大幅度削减至 2 个师 7.4 万人。依靠战略轰炸机搭载核武器的报复性战略的依赖和民众对和平的期望，军事预算的削减，一般发生在兵力人数上、特别是核武器时的存在价值大大下降。1946年，艾森豪威尔元帅在参谋长联席会议上说，陆战队保留在团级规模以下比较好。同年 10 月布拉德利上将在议会上明确表示，今后世界范围内将不会再发生大规模的两栖作战。还有人提出陆战队的航空部应该移交给新设立的空军。原陆军上尉的哈里·杜鲁门总统也考虑在第二次世界大战后缩小或者削减后陆战队的作用，他支持要把军队统一归属一个参谋长领导的陆军方案，争论的结果是陆军、海军和空军同得以保留独立的军种。对于支持海军陆战队的议员提出的应该更好地发挥陆战队作用的建言，杜鲁门总统是这样回答的："海军陆战队是海军的警察部队，在我是总统的期限内，我会保持陆战队的地位，至少陆战队的宣传部门可以和斯大林的匹敌"，他的讲话引起很大的争议。

1950 年 6 月 25 日，朝鲜（朝鲜民主主义人民共和国）突然越过边界，对韩国（大韩民国）展开攻击，朝鲜战争爆发。参加朝鲜战争的海军陆战队包括当初的陆战队第 5 团和陆战队第 33 航空团的陆战队第 1 旅（兵力 6 534 人），是以活跃在瓜达尔卡纳尔岛和冲绳的第 5 团为骨干、包含 1 个炮兵营，1 个战车连等的精锐部队。海军陆战队的任务是增援在具有压倒性优势的北朝鲜军的攻击下陷入险境的陆军第 8 军，为遏制朝方的攻击利用空中近身掩护增强美军的战斗力。但是，因为战局不利，韩军和联合国军被逼至釜山一线。

在这样的状况下，1950 年 9 月 15 日大胆实施了道格拉斯·麦克阿瑟元帅设想的仁川登陆计划。主力是陆战队第 1 师（第 1、第 5、第 7 团为主干）26 100 人，还有陆军 2 750 人和韩国海军陆战队约 3 000 人。

仁川登陆作战是麦克阿瑟个人的提议，是他力排众议，从而得以实现的独创性作战。麦克阿瑟在汉城[1]失陷之后马上直观地描绘出了仁川登陆的想法。麦克阿斯在 7 月的时候把舰队海军陆战队司令官谢泼德叫到办公室，一边看着地图一边说："如果我有陆战队第一师的话，在仁川登陆应该可以扭转战局吧"，对于麦克阿瑟的提议，谢泼德认为，从 6 年前的经验来看的，朝鲜军同样具有类似硫黄岛日军的狂热信仰，因此登陆的话一定会受到强烈的抵抗。另外，仁川的地理条件并不适合登陆作战，例如仁川港的潮差很大居世界第二，参谋长联席会议和海军也反对在仁川登陆。但是，同时誓言"为了海军陆战队的生存

---

[1]　现名：首尔，韩国首都。——译者注

而战"的谢泼德也认识到，仁川登陆是展示海军陆战队可以为国家起到什么作用的绝好机会。准备登陆作战的海军陆战队，为了讽刺杜鲁门总统的话，在很多战车上涂写了"可怕的哈里警察部队"。

登陆作战按照原计划顺利进行，几乎没有受到什么抵抗，在登陆后的 24 小时以内仁川已经完全处于美国军队的掌控之下。麦克阿瑟元帅给第 7 联合机动部队司令官斯特鲁普发来贺电说"海军和海军陆战队从来没有像今天早上这么光荣吧"。以此为契机，联合国军开始了总反击，越过三八线直扑鸭绿江，但是由于美国政府和麦克阿瑟司令部对情报分析的失误致使中国人民志愿军中的大规模介入后战局被扭转，不得不退回三八线后。

在朝鲜战争中与仁川登陆齐名的，提高海军陆战队声誉的是在中国人民志愿军的重围之中完成的被称为美国的敦刻尔克的长津湖撤退的作战。从东部沿海进攻至长津湖地区的海军陆战队，突然在柳潭里遭到中国人民志愿军（以下称"志愿军"）的包围攻击。海军陆战队一边进行战斗，一边带着伤病人员和装备退至夏甲村。那里大约有 4 400 人的伤兵要空运到后方，其中包含 173 具遗体。陆战队第 1 师归属的第 10 军司令部（指挥官远征军参谋长爱德华·M·阿蒙德陆军少将）得知这种情况后，曾提醒第 1 师加紧撤退。但是，师长奥利弗·P·史密斯少将不忍看到遗体留在这里，继续坚持往后方运送。在夏甲村举行的记者招待会上，当被问到将要进行的作战是后退（retirement）还是败走（retreat）的时候，史密斯少将说"不是后退。我们正在不断地进行方向转换（we are merely advancing in another direction）"。全美报纸给出了"撤退？妄想！我们只是换个方向进攻！（Retreat，hell，We are attacking in another direction）"的激动人心的报导。其中的"Retreat，Hell！"是贝隆森林战斗中罗伊德·威廉安姆上尉说过的话。

相对于海军陆战队秩序井然的很体面的撤退，西部海岸的沃尔顿·H·沃克中将指挥下的第8军和韩军的一部受到志愿军的攻击，没有和轻装的志愿军战斗就陷入慌乱的状态仓皇溃逃，不仅丢了装备，甚至连负伤人员也抛弃了，这可以说是大规模的"临阵脱逃"。这可以和第二次世界大战初期法军的溃败、太平洋战争初期新加坡陷落时英军的败走相提并论。与朝鲜军在苏联制造的战车和火炮的掩护下进行正面进攻不同，志愿军以毛泽东的"游击战"为基础原则使用手榴弹、轻机枪和迫击炮进行游击作战，这种战法美军完全不能理解的使得美军心惧怕，加快了撤退步伐。

陆战队第1师从夏甲村到古土里，一边同志愿军战斗，一边护送新增的战死和伤病人员。实际上，在出发之前，空军曾提议从夏甲村空运全部陆战队第8师离开的，但如果进行空运的话，飞机起降的时候极易受到攻击，再必须破坏、烧毁装备和补给，而且最后至少要留下 1 个连的兵力掩护起飞的跑道。同时古土里还留了 1 个营，如果全师都通过空运撤离的话，就等于将这些留下的部队置于死地了。史密斯拒绝了全部兵力空运撤退，决定全师徒步撤退。

古土里的战斗最有成效的是有近身空中掩护。和一线地面部队同行的专业飞行员，通过地上的无线电话对海盗战斗机进行确切的引导，时常可以对友军步兵 50 米以内的目标投掷凝固汽油弹攻击，这样志愿军在白天的时候就不能集结部队。通过以下数字可以证明史密斯少将强硬的转战论未必是错误的，陆战队第 1 师从 10 月 26 日在元山登陆开始，到乘坐船只向兴南出发的 12 月 15 日，海军陆战队战死、战伤 4 418 人（战死 604 人），非战斗减员 7 313 人（多数是轻度的冻伤和胃肠病患者，其中约 2/3 在战斗期间回到原来的部队），与此相对，志愿军战死、战伤估计为 37 500 人（战死 25 000 人），非战斗减员 10 000 人以上。

朝鲜战争中海军陆战队的损失达到 35 340 名（战死 4 506 人，负伤 26 028 人），这是除第二次世界大战外伤亡人数最多的战争。这场战争中出现了很多问题，其中最大的问题是在仁川登陆后陆战队第 1 师和陆军发挥了相同的机能。海军陆战队是具有强烈职业意识和坚强勇气的精英军团，却基本上执行的是陆军的任务。作为以两栖作战为专长的军事组织，可以说是错误地发挥了海军陆战队的职能。但是，从结果来看，海军陆战队还是发挥了具备大范围机动能力的快速反应部队的能力。

关于航空部队，海军陆战队第 1 航空团一共出击了127 496 等次，擅长的近身空中掩护不到 1/3，自 1950 年10 月并入空军第 5 军的指挥后，主要任务是以深入敌人腹地的轰炸袭击为主。尽管如此，通过飞机和步兵的有机结合，作为精锐的步兵部队也可以充分发挥作用。如前所述的陆战队第 1 师的 2 个团被 3 个师、约 5 倍兵力的志愿军包围，在受到强大攻击同时撤出兴南的长津湖作战中，地面部队和海军陆战队飞机的近身空中掩护的相互辅助关系相当紧密，并且非常有效。这是海军陆战队早前进行的为实施登陆作战的空地协同战术演练的成果。

这种以近身空中掩护为基础的系统性空陆结合的思想在 1954 年 11 月被总结为陆战队空、地机动部队（Marine Air-Ground Task Force，MAGTE）一体化作战的概念。直升机作为军事组织的一部分被首次采用，也开始了对垂直 / 短距起降机（Vertical/Short-Take off and Landing Aircraft，V/STLO）的新概念机种的开发。并且通过引进直升机的新概念，在运输方面也取得了飞跃性的进步。在朝鲜战争中，15 架西科斯基 -HRS 编成的最早的中型运输直升机中队 HMR—161（1951 年 8 月参战），一共运输兵员 60 046 人和装备 750 万磅[①]的，救出伤员 2 748 人。这

----

① 磅为英美制数量单位，1 磅 =0.453 6 千克。——编者注

是历史上首次大规模地把地面部队空运到志愿军后方的以直升机为主角的作战。另外，最初的直升机观测飞行中队VMO-6（1950年8月参战）除了进行指挥、参谋联络、弹着点观测以外还救出了7 067名伤员。

另外，在朝鲜战争进阶结束的时候，华盛顿带来了海军陆战队的胜利。1952年6月，出身海军陆战队的上院议员保罗·H·道格拉斯和参议院议员麦克·曼斯菲尔德提出，保留海军陆战队3个师和3个航空团的编制，海军陆战队司令官根据需要可以出席参谋长联席会议的法案得到了批准。1976年，海军陆战队司令成为参谋长联席会议的正式成员。这个法案也意味着海军陆战队成为与陆军、海军、空军并列的隶属于海军部的独立军种。

越南战争

1965年3月，随着美国参与的越南战争的深入，驻扎冲绳的陆战队第3师和陆战队第1航空团被整编为陆战队第3两栖军，其中3 000人的在岘港登陆。

经历过塞班岛、提尼安岛、硫黄岛战斗的指挥官弗雷德里克·J·加地将军在登陆的时候，没有收到子弹，而是从南越的女学生手里收到了鲜花。这也许暗示着这场战争和海军陆战队擅长的两栖作战是不同类型的战争吧。

海军陆战队在这场越南战争中实现了两个全新的职

能：参加协助民生和空中移动战术。1915—1933 年，海军陆战队曾在古巴、海地、尼加拉瓜、多米尼加等地开始积累，主要是帮助当地政府平定国内形势等，但是越南战争中是在更广泛地域开展的性质不同的活动。被称为"金羊毛作战"或者"城镇公平作战"，基本上是对抗越共游击队，对村落进行保护、防卫性质的保安战。

陆战队中将维克多·H·克拉克在越南战争的初期阶段曾经多次到前线视察，在视察过程中已经认清越南战争的本质是一场人民战争。美国驻南越司令官威斯特摩兰主张找到北越军队并一举歼灭的搜寻并歼灭作战（Search and Destroy Operations），作为信奉正规战美国陆军的战法是可以理解的，但是克拉克认为越南战争更为重要的是赢得民众的信任。1946 年克拉克就任太平洋舰队海军陆战队的最高指挥官以后，便开始进行海军陆战队的反游击作战训练，但是岘港登陆的海军陆战队的分配到的任务是防御岘港机场，别说对越共进行反游击作战，就是普通民众也接触不了了。

最初的反游击作战，是在一个 700 人的无名村落进行试验的。被克拉克称为"城镇公平作战"的概念，这是一种逐村进行的、能够拉拢民心保安战。在无名村中，海军陆战队和南越军肃清了越共，重建了房屋、挖掘水井、进行医疗援助并组织齐了民兵。逐村扩大领地，在隔绝了敌人的领地上实现和平、繁荣、健康。耗费时间和精力的流血作战就像墨迹逐渐散开一样，称为"墨渍方式"，但这并没有成为越南战争中的主要战略。

威斯特摩兰司令官认为像这样的保安战，从理论上是可以理解的，但是从通常的正规战的概念来说的话只不过是非军事性行为而令人难以忍受。国防部长罗伯特·S·麦克纳马拉认为"墨渍方式"是一种非常好的想法，只是花费时间过久。因此，确定了越南战争中美军的战略以肃清作战的正规战概念为基本。大多数指挥官都在第二次世界大战中经历过使用近代装备和火力以正规战法取胜的，提议进行保安战的海军陆战队结果却受到指责，认为陆战队要把简单的反游击战搞成瓜达尔卡纳尔或者冲绳岛式的战争。

毛泽东的战略

越南战争中北越军队所采取的战略基本是由"根据地"、"游击战"、"人民军队"三大概念构成的毛泽东战略思想的越南版。当然，国家主席胡志明和武元甲将军都没有明说。

毛泽东的中国革命的理想是农民的革命，他相信历史发展的必然趋势是从资本主义向社会主义发展的马克思主义的革命理论，根据中国古老的历史和广阔的领土，洞察社会阶级构造的复杂性和多样性等中国独特的条件，提出了自己的思想：无产阶级以及贫苦的农民阶级是支撑中国革命的巨大力量。

但是，通过军事上处于弱势的农民来实现革命目标就必须建立独特的战略、战术和组织。毛泽东的第一个革新是"根据地"的创造。在战略上不是直接进攻被实力强大的国民党军队控制的大城市，而是利用广大的空间，占领国民党统治没有涉及的农村建立根据地、进而不断扩大，最后包围大城市。毛泽东在根据地"推翻地主武装、实行土地革命"，让广大农民可以亲眼目睹"革命"这个概念的同时，达成根据地作为军事据点、物资以及兵力补充地的一举多得的目的。

第二个革新是创造了可以称为战略性游击战的"运动战"及"持久战"的作战方法。以局部的非正规战斗、指挥形式不统一为特征的游击战，虽然最终不会失败，但也难以取胜。以正规的大规模部队、采取统一指挥并取胜的游击战即为运动战，当时毛泽东擅长的"诱敌深入、进行歼灭"的战法是从《三国志》和《水浒传》中得到的启示，将运动战的要领总结概括为十六个字：

敌进我退；敌驻我扰；敌疲我打；敌退我追。

避免和兵力占优势的敌人正规军正面决战，一边撤退一边把一部分敌人引入自己的阵地，在合适的机会展开集中攻击，战斗结束之后马上分散、撤退。因为本来就没有后勤线，这样就可以随意地切入敌人的后勤补给线，自己的后勤供给就不会断。重复进行这种战斗，在相对自己的军队非常有利的形式下展开最终的决战。也就是说，"战略上以一当十，战术上以十当一"，在时间和空间上调整至对自己最有利的时机。这种运动战的关键在于它的机动性、可以迅速移动到对自己有利的地形伏击敌人是关键，所以部队每天必做的事情是爬山和用数量稀少的步枪进行射击训练。前面所述的朝鲜战争，可以说志愿军基本上采取的就是"人海战术"，基本的战略就是运动战。

第三个革新是"人民军队"的概念。以前的中国，文人思想占主导，有这样的说法："好男不当兵"。毛泽东在"人民军队"概念的基础上，把"士兵是为自己而战"作为军队组织化的基本方针，一改以往旧军队坏人扎堆的形象。为了让士兵实际感受到"人民军队"的概念，打破了干部和士兵、军队和人民的等级差别。比如，红军废除了等级制度、实现了军队内部的民主化、贯彻了被人民拥戴的具体的行为规范——"三大纪律、八项注意"。

这样，毛泽东在国民党势力比较薄弱的农村实行土地革命、组织农民进行游击战争，在各地建设革命根据地（解放区）、建设并扩大了红军的规模。在这个过程中国各地所产生的农民游击队和不断集合分散的民兵、地方武装、正规军形成"三结合的武装力量体系"，最终成长为毛泽东的"人民军队"。这实际上是划时代的军事战略上的革新。

胡志明战略

1945 年，越南民主共和国主席胡志明在河内发表独立宣言。胡志明和毛泽东一样重视知识分子以外也重视农村工作。在以农业为中心的南越，和中国情况一样，相对于西贡①政府所在的城市，解放区的农村天地非常广阔。因此，与中国的根据地类同的是解放战线（越共）控制的村落。在这样的解放区，农民为了革命而劳作，孩子们在解放区的学校上学，长大以后成为解放战线的战士。解放战线包括保卫村庄的游击队和可以进行大规模作战的正规部队。前者以解放区为中心在村落中开展游击活动，从根本上动摇南越政府的地方统治。

另一方面，北越正规军利用越南的山丘、丛林、水田构成的复杂地形，以步兵为中心展开战略游击战。正规军以丛林内隐蔽的徒步机动为基础，不断开展近距离的伏击战，一旦找到美军的弱点就马上展开集中攻击。游击战和正规战不同的是不存在明确的前线，组成上和美军半数人员为后方的支援部队也不同，北越军队以直接战斗部队为主体，发挥游击战的机动性，把握战斗地点和时间的主导权。和毛泽东诱敌深入根据地的战术一样，一旦把美军引入丛林，美军就不能使用战车和重型武器，战斗被限制在

① 1976 年越南全境统一前，南越首都名，后为纪念胡志明主席而更名胡志明市。——译者注

小部队的轻型步兵战。毛泽东的"根据地"是以中国广大的国土面积为前提的，虽然在丛林中视野并不开阔，空间却是极为广阔的。步兵战是个人意志、体力和武器的决战，北越军队全是熟知地形的专业革命战士。说起武器，苏联制造的 AK-47 冲锋枪相比美军 M-16 自动步枪，在近距离作战中更能发挥出优势。在越南战争中美军因轻武器导致的阵亡人数占 51%，因炮弹导致的占 36%，由地雷和陷阱导致的占 11%，与第二次世界大战和朝鲜战争中，因轻武器导致的 33%，多数是因为炮弹和爆炸导致的死亡比例大不相同。

采用解放战线政策的越南战争是人民参加的解放战争。美军基于如果一个国家共产化的话，就会引起所谓"多米诺效应"的思想基础，抱着十字军东征的信念在越南登陆，抵抗共产主义的"侵略"，但是这并没有实现变革越南，从而改变其他国家的构想。解放战线以民族统一的"救国"理念，是根植于当地人民土地解放的现实要求开展人民战争。而另一方面欠缺理念的南越政府军则不可能成为"人民军队"。

毛泽东的人民战争在很长时间内是其理论基础。这种东方式的构想和重视"时间就是金钱"的势利性、高效性、力求短期决战的美军战略是对立的位置。国防部长麦克纳马拉认为海军陆战队的"墨渍方式"所花费的时间过长。但是，毛泽东的持久战理论坚信中国正义的革命战争到最后一定会取得胜利是基于宏大的时间轴而言的。武元甲将军也是，自 1944 年 12 月在河内创立解放武装势力后 20 余年，至 1960 年组成南越解放民族阵线后又历经 15 年里，一直持续和法国以及美国进行着战斗。

移动战术的开发

像这种不存在前线的战场，发现北越隐藏的据点进而剿灭，即所谓的"搜寻并歼灭"式的战斗中，美军步兵的任务首先就是找到敌方的基地，然后炮兵和飞机进行火力支援。海军陆战队大多运用其擅长的近身空中掩护。

要在丛林和山丘地带发挥机动力，空中移动战术是必须。美军开发的是战略性机动力（Strategic Mobility）的概念。利用直升机可以显著地增强这种战略机动力，其中最大的特色是武装用直升机的使用。朝鲜战争中直升机基本上用来运输兵员和装备。在进行救援时，搭载的用作自卫的轻武器和机枪手达到了预想以上的效果，最初没有考虑直升机进行武装并用于对地攻击。不过在越南战争这种没有前线的战斗中，美军认识到武装攻击直升机是最合适的武器。进行兵力的集中转移、搭载机关枪和火箭炮的武器直升机的组是对"搜寻并进行歼灭"作战的有效组合。与海军陆战队相比，美国陆军在直升机的运用方面是起步非常晚的，但在朝鲜战争后重新认识到了直升机的潜能后，美国陆军设立并壮大了直升机部队。1965年11月，在国防部长麦克纳马拉的支持下，第1空中机动师的美陆军第1骑兵机动师在厄尔·德浪河谷作战中利用直升机首次实施了大型机降作战，这可以说是近代陆军战法的一大革新。

海军陆战队第1航空团引入武装直升机比陆军要晚，到1965年引入了UH-1E。后又接连引入了UH-34、CH-46、CH-53，在1969年，采用的陆军标准的武装攻直升机—AH—1G眼镜蛇武装直升机，不仅可以对地攻击、而且对坦克攻击也很有效。其后，海军陆战队配备了专用标准的AH—1J海眼镜蛇，发挥了超过AH—1G以上的能力。在运输方面，在重新认识直升机的机动性的基础上尝试组建火力掩护点（用最少步兵防御的紧急构筑的炮兵阵地），在1965年12月的收获月作战中收到了初步的效果，通过其后的越南战争，空中移动的理论和技法更加精炼。

溪山攻防战和春节攻势

海军陆战队和北越正规军进行的正面作战是在1968年1月20日开始的溪山基地攻防战。溪山基地是从北越向南越进行渗透的最接近后勤补给线——胡志明小道的重要据点。北越军队的2个师约2万人集结在溪山基地周边，威斯特摩兰司令官为了"不把溪山变为第二个奠边府"，配置了陆战队第1师、第3师、第1骑兵师、第

101 空降师 4 个师，希望通过传统的阵地战发起决战。北越军队这次没有采用以往使用的"打了就跑"的战略，而是初次使用了战车、武装装甲车、大炮，开展了正规战。

战斗持续了 70 多天，溪山之所以不能变为第二个奠边府是因为美军和越盟打败的法军不同，依靠强大的火力取得了胜利。越盟胜利的原动力是向法军要塞持续挖掘可以进攻伏击的战壕的"土遁战术"，以及奠边府周围山上有人民构筑的火力（105 毫米重炮 20 门，75 毫米野炮 18 门）。在溪山，美军将包围中的北越军队彻底地陷入了集中炮火中，基地内落弹 15.889 1 万发，战术飞机的轰炸飞行为 22 100 架次，B-52 投下的炸弹达 59 000～96 000 吨，从这些数字可以看出集中炮火的强度。据美军的推测，北越军队的战死人数大为 10 000～15 000 人，与此相对的，海军陆战队的战死人数为 205 人。

不过，北越军队的目的并不是占领溪山。1968 年 1 月 30 日到 3 月 31 日，解放阵线出动 8 万余人的北越正规军，突然一起攻击南越全境的城市。这就是"春节（农历正月）攻势"。春节攻势的目的是以西贡为中心引发全民族的起义。在春节攻势的城市攻击开始之前，把美军调离城市进行防卫线，才是溪山攻防战的真正目的。实际上，美军的 9 个师的大约半数——4 个师 3 万人被吸引、牵制在北方。

和丛林中的游击战不同，城市作战的战斗类型是在可有限空间里交火正规战。解放阵线 20 人的攻击部队占领了美国大使馆长达 6 个小时后全部阵亡。春节攻势中最为激烈的是中部古都顺化的攻防战。海军陆战队第 1 师的 1 个团和陆战队第 5 师的 2 个营的指挥官斯坦利·休斯上校有过第二次世界大战中太平洋各个岛屿的战斗体验,但对他来说在顺化的战斗与其说是游击战,倒更像是和日本军在战斗。北越和解放阵线军队从以往"打了就跑"战术变为死守顺化,战斗就像在太平洋岛屿中的对每一个阵地中的攻防争夺一样,进行每户每个建筑物的争夺。海军陆战队在 M-48 坦克和 ONTOS 装甲车、近身空中掩护和舰炮射击的支援下展开猛攻,给北越军队和解放阵线造成了很大的伤害,最终使其撤退。根据美军方面发布的数据,春节攻势中双方的伤亡为:北越和解放阵线的战死者为58 373 人,美军战死 3 895 人,南越政府军战死人数为4 945 人。担任总攻先锋的解放阵线的损失,不仅仅是正规部队,渗透到城市一起参与总攻的游击队以及南越城市游击组织都遭到了毁灭性的打击。

一度让美军感到大获全胜的春节攻势,突然发生了意料之外的变化。"西贡的美国大使馆被越共占领了"的突发新闻在美国本土 30 日黄昏时分出现在电视上,对正在家中看新闻的美国民众带来了巨大的冲击。CBS 的新闻主播——沃尔特·克朗凯特,据说只要向上挑一下有名的浓眉就可以改变美国国民投票行动的男性改变了以往的低低的男中音,在晚间新闻中惊怒道:"这到底是怎么回事?

我以为这场战争已经胜利了。"不久，约翰逊总统和威斯特摩兰司令官在议会中受到了强烈抨击，国内的反战气氛一下子高涨起来。1968 年 3 月 31 日，约翰逊总统向全美国发表了电视演讲："我在下次的总统大选中，不谋求作为总统候选人被提名，也不谋求连任"。后来北越的范文同首相说："实际上对我们自己来说，也没有预计到春节攻势在美国引起的冲击。"春节攻势是北越在军事上失败，但政治上胜利的少有的战斗。

1969 年 6 月，尼克松总统下令了美军开始撤军。到 11 月前海军陆战队第 3 师的所有人都从越南撤离了。这场战争给海军陆战队造成的损失是 101 530 人死伤（战死 12 936 人，负伤 88 594 人），超过了海军战陆队第二次世界大战时的伤亡人数。

1975 年 4 月，南越政府倒台，海军陆战队的直升机直到最后一刻还在越南。北越军队突入西贡的时候，市区还残留有 1 773 名美国人，为此海军陆战队的 989 人乘坐直升机前往救援。最后的海军陆战队队员从美国大使馆的屋顶登上直升机的时候，北越的先遣队已经攻到了一楼。屋顶上的陆战队队员从海军陆战队创立二百年来首次体验到了"逃跑"的苦涩。

快速反应部队

越南战争获得海军陆战队的中期计划以未来海军陆战队的政策为核心，重点强调陆战队空、地机动部队（MAGTF）和与之关联的垂直、短距离起降飞机（V/STOL）的概念。关于陆军机动部队后面会有详细的叙述，简单地说，海军陆战队打算将在联合作战中积累的两栖作战技巧进行系统性的完善。

图 5-1　两栖攻击舰塔瓦拉（杂志《九》

V/STOL 的概念产生自越南战争的经历并提升了一个层次。在越南战争中，北方五省的地面战斗基本在 30 分钟以内决出胜负，其决定性因素就是对空中支援申请的快速应答。到1970年，美军首次引进英国霍克·西德尼公司[①]研发的垂直起降"鹞"式攻击机。在越南战争中实现快速空中掩护的唯一方法是在战斗区域上空始终有飞机进行长时间盘旋等待的称为"Cab rank"（出租车等待）的方法，虽然这个方法从效率性和资源的有效利用来看明显是非建设性的。海军陆战队曾经估算过，如果在越战中使用"鹞"式直升机的话，在地面作战开始的10分钟之内就可以打击敌人。

海军陆战队司令官华莱士·M·格林·朱尼亚上将对于海军陆战队长期性的展望（1975—1985年）是这样说的："以登陆部队为主干的两栖作战攻击力量，应该是在全天候以及任意可视度的条件下都可以从特定任务的两栖作战舰艇出发并得到掩护，同时完全配置V/STOL的可以快速移动的陆战队空、地部队构成的。此外，要利用把部队、装备、补给运至海岸的水上或者气垫式高速水上舰艇来进一步增强水上攻击能力。"

这样的部队已经具有快速部署部队的特征，其中，设想了建造可以供1个整装营生活，同时搭载V/STOL机、直升机、登陆艇、武器、弹药、在需要的时候可以马上驶向世界上的任何地方。在这个构想的基础上，把各种登

① 1977年，英国霍克·西德尼航空公司与英国航空公司合并为英国宇航公司（BAE）。——译者注

陆舰船的功能集中于一体的军舰就是 1976 年竣工的两栖攻击舰 LHA-I 塔瓦拉号（满载排水量 39 300 吨）。这里值得特别提出的一点是，"塔瓦拉"号上设置了人工气象室（人工制造出预定作战地域的气候让登陆士兵适应的设备）。另外，使用喷气式发动机的气垫船登陆艇（Landing Craft Air Cushion，LCAC）也被开发出来。

一方面，越南战争以后又出现了各种针对海军陆战队的批判和攻击，例如，布鲁金斯（Brookings）研究所的调查报告（1976 年）就指出两栖作战的价值已经下降，海军陆战队应该缩小一半的规模。仅就强大的陆军而言，海军陆战队就没有继续存在的意义。同时，该报告书中针对海军陆战队还提出了四个削减方案：①把现在的 3 个师的编制改为第 1、第 3 师的 2 个师的编制。②改编为欧洲防卫的陆军的附属部队。③代替驻扎在太平洋岛屿的陆军。④接管陆军第 82 空降师的任务。这些提案显示海军陆战队 3 个师、1 个航空团的编制不是雷打不动的，这就要求海军陆战队要继续探寻新任务以保留现有规模。

几乎同时，1975 年海军陆战队司令官路易斯·H·威尔逊组织了以弗雷德·E·海恩斯为委员长的委员会，对于将来海军陆战队的使命开始了正式的探讨。1976 年 3 月，海恩斯委员会在上议院军事委员会上提出了海军陆战队要成为全球性快速反应部队的报告，海军陆战队将不应执行特定的单一战斗任务，而是承担到世界任何地方执行任务的责任，因而需维持现在3师1团的规模。另外，为了更好地完成这一任务，还提出：①提高打击坦克、飞机的导弹和火炮的攻击质量；②坦克部队集中到2个师，并增设加强战场机动力的两栖履带车部队；③为了可以实现搜索及战斗，需要强化地面侦察部队；④设立V/STOL部队并保留近身空中掩护的全天候攻击机A—6。⑤为了对应装甲部队，实验性的装备一个或者一个以上的机动攻击营等改善方案。

1980年1月卡特总统发表了所谓的"卡特主义"，计划组建解决中东地区的武力纷争、总数为11万人的快速展开部队（Rapid Deployment Forces）。基于此，海军陆战队战斗在最前沿的（First to fight）快速反应能力进一步系统化。在组织上被凝练为海军陆战队空、地机动部队，也开发出了用于支援的海上战前预置舰（Maritime Prepositioning Ships，MPS）。海上战前预置舰为了能够应对世界范围内的紧急事态，预先在冲突地区配置可以装载海军陆战队1个旅的装备的专用运输船群（太平洋、印度洋、美国本土东岸），以便武器和装备可以迅速与通过空中运输的士兵实现对接，即达到给轻装的空运士兵提供重武器的目的。海上战前预置舰在辅助两栖作战，减轻部队战略运输负担、缩短部队配置时间等方面能达到可靠性很高的快速供给。海上战前预置舰被预置在三个战略重点海域，和空军运输队（MAC）联合行动，预装的装备可以支持海军陆战队远征旅（MEB）30 天。由此，空军运输队的喷气式运输机（一架飞机可以运送 250 名陆战队员）往港口附近的机场空运部队，在那里部队和装备实现对接。

越南战争之后，在没有总统的宣战布告的情况下海军陆战队的行动包括：1975 年 5 月柬埔寨海面的美军军舰"马亚盖斯号"船员的救援、1982 年 8 月作为国际和平视察团的一员在黎巴嫩的贝鲁特登陆（1983 年 10 月 23 日，一台改装的梅赛德斯自爆卡车在海军陆战队兵营爆炸并导致 241 人海军陆战队队员死亡），1983 年 10 月入侵格林纳达，1989 年 5 月以保护在巴拿马居住美国国民和逼迫诺列加将军下台为目的的紧急侵入巴拿马等。但是大规模的行动是 1990 年夏天海湾战争中的沙漠盾牌作战。

海湾战争时波斯湾最早展开的是航空母舰以及迪戈加西亚岛（印度洋）和关岛（太平洋）的有海上战前预置舰支撑的海军陆战队远征旅。接到出击命令后 4 天后的 8 月 14 日，陆战队第 7 远征旅 16 800 人由空军运输队运达沙特阿拉伯。在航空母舰和重武器支援到来的 5 个月间，在沙特完成了正面阻击伊拉克军队的任务。

沙漠盾牌行动是具有独立遂行能力的陆、海、空快速反应部队根据战争的规模自由结合并展开的，是展示海军陆战队能力的典型案例。在海湾战争的整个过程中海军陆战队所起的作用如下：

第一，通过空运和战前预置舰的组合，尽早地在波斯湾突显美国军事实力。

第二，让伊拉克军队难以判定在海上展开的海军陆战队两栖部队，可以在波斯湾发动攻击，还是从沙漠进攻又或是从两方面开展攻击，使伊拉克军队中最强大的总统卫队被牵制在海岸线上，这期间，陆军装甲师绕到伊拉克军队的背后实施了作战。

第三，在陆地上的海军陆战队第1以及第2师在最接近科威特市的中心线上展开战斗，第一时间夺回了科威特市。

第四，航母以及沙特基地的海军陆战队航空团对陆战队地面部队实施了近身空中支援。

在海上待命的海军陆战队两栖部队，在为没能施行两栖登陆而懊恼不已。陆战队司令官阿尔弗雷德·M·格雷告诫他们说："在一百场战斗中取得一百场胜利并不是最高明的战术。孙子说，不战而胜才是战术的最高境界。"

一方面，对海军陆战队在和伊拉克军的地面作战中取得的初次胜利，施华蔻将军在召开记者招待会时说："今天早上4点，我们的陆战队第1师以及第2师突破了敌人的防卫阵地。……对于这两个师的功绩无以言表。即使用'战功赫赫'这样的词汇来形容陆战队的优异战绩也不足为过，因为他们突破了敌人坚不可摧的阵地。那是突破强悍的地雷阵、铁丝网、火力拦截的完美杰作。他们艰难地突破了第一道防线，他们无视炮火，突破了第二道防线。

他们不断地扩大突破口，从而两个师展开了全面进攻。这是场非常优秀的作战，甚至可以是"教科书"式的作战，是今后几年都值得研究的战役。"

后现代战争的特点是低烈度战争（Low Intensity Conflict，LIC）。在冷战结束后的世界中，以民族冲突、人种对立、宗教纷争为起因的恐怖袭击、游击战争、革命战争等低强度战争不断增加。之前提到的贝鲁特海军陆战队司令部的爆炸事件就是其中的典型，甚至可以说越南战争也是低强度战争。在这种纷争多发性的多元化的国际关系时代，美国很有可能越来越重视作为全球性快速反应部队的海军陆战队对低烈度战争的应对能力。

陆空特遣队

今天海军陆战队的作用和任务根据美利坚合众国法规的第十条的规定如下：

"海军舰队执行任务的时候，参与组成包括舰队海军陆战队的混合部队；开发登陆部队使用的战术、技术以及装备；完成总统指示的其他任务。"

为了完成这三大任务和使命，首次需要做的是引入了步兵、飞机、后勤统合的陆空特遣队（Marine Air-Ground Task Force，MAGTF）的概念。作为两栖作战中不可或缺要素的空中支援，已经在 1935 年的《登陆作战指导草案》中对其内容进行了叙述、展开，之后借助联合作战的战术经验和积累，基本可以将陆空特遣队形成体系了。

陆空特遣队是为了完成特定作战任务的编成，是统和陆、海、空机能的具备独立遂行能力的组织。陆空特遣队通常由以下单元构成。

（1）司令部队：指挥、整合地面、空中和后勤支援部队的唯一总部。陆空特遣队的指挥官从任务的主要构成部队之外派遣。

（2）地面战斗部队：完成地面作战的组织。由 1 个步兵营至 1 个乃至更多师编成，包括炮兵、战车、两栖装甲运兵车、侦察、战斗工兵等单位。

（3）空中战斗部队：执行战术空战的组织。由 1 个加强直升机中队至 1 个航空团编成，任务包括空中攻击支援、登陆突击支援、空中侦察、空战、电子战、指挥统御等单位。

（4）后勤支援部队：对陆空特遣队的所有部队进行后勤支援的部队。由根据登陆部队登陆后所设定任务的后勤支援和负责总后勤部门运转的两个同等规格的部队构成，对所有部队提供补给、运输、整备、工事、医疗支援等。

把这些机能有机结合在一起的陆空特遣队的规模和构成可以根据任务和敌方的战斗力等条件灵活地决定，基本有

三种类型，陆战远征队（Marine Expeditionary Unit，MEU：）、
海军陆战队远征旅（Marine Expeditionary Brigade，MEB）、
陆战远征军（Marine Expeditionary Force，MEF）。各个
部队的标准构成如下页图表所示。

　　陆战远征队（MEU，以下简称远征队）（见图5-2）
是最小规模（1个营）的陆空特遣队。远征队的任务是在
危机发生时快速反应、对应有限的、较低强度的战斗，地
面部队通常搭乘3艘到5艘海军两栖舰船在海上预置，为
了实施空运任务，一般有1个远征队待命。远征队的指挥
官是上校。战斗航空部队包括加强直升机中队和V/STOL
战斗机。远征队的后勤支援部队能偶支援15天的物资和

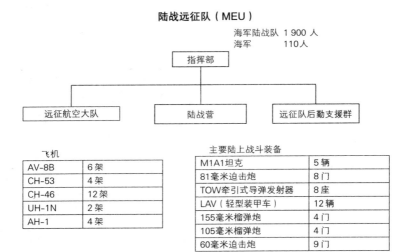

陆战远征队（MEU）

海军陆战队　1 900 人
海军　　　　　 110人

指挥部

| 远征航空大队 | 陆战营 | 远征队后勤支援群 |

飞机

AV-8B	6架
CH-53	4架
CH-46	12架
UH-1N	2架
AH-1	4架

主要陆上战斗装备

M1A1坦克	5辆
81毫米迫击炮	8门
TOW牵引式导弹发射器	8座
LAV（轻型装甲车）	12辆
155毫米榴弹炮	4门
105毫米榴弹炮	4门
60毫米迫击炮	9门

图5-2　陆战远征队基本编制

弹，远征队作为海军陆战队远征旅的前锋部队，曾进驻黎巴嫩，进攻格林纳达，紧急派遣巴拿马等。

陆战远征旅（MEB）（见图5-3）是中等规模（1个团，即3个营）的陆空特遣队。陆战远征旅的任务是对应低强度到高强度的战争，地面部队一般分乘20艘两栖舰船，具有完成两栖登陆作战和地面作战的能力，可以长时间在海上战备预置，也可以进行空运。司令部队指挥官为准将。空中战斗部队除海军陆战队航空群中的直升机以外

陆战远征旅（MEB）

海军陆战队　15 000人
海军　　　　　900人

```
              ┌────────┐
              │  旅部  │
              └───┬────┘
      ┌───────────┼───────────┐
┌──────────┐ ┌──────────┐ ┌──────────┐
│ 海军机群 │ │ 登陆团   │ │ 战务支援群 │
└──────────┘ └──────────┘ └──────────┘
```

飞机

AV-8B	40架
F-18	24架
A-6E	10架
EA-6B	4架
RF-4	4架
KC-130	6架
OV-10	6架
CH-53	28架
CH-46	48架
UH-1N	12架
AH-1	12架

主要陆上战斗装备

M1A1坦克	17辆
81毫米迫击炮	24门
TOW牵引式导弹发射器	48座
AAV（两栖装甲运兵车）	47辆
LAV（轻型装甲车）	27辆
155毫米榴弹炮	30门
203毫米榴弹炮	6门
60毫米迫击炮	27门

图 5-3　陆战远征旅基本编制

还包括其他固定翼机型，具有从陆地、海上基地、战时机场起降的所有作战能力。后勤支援部队可以支援部队战斗30天。海军陆战队的海上战前预置舰以战备姿态停泊在海上预定位置，以利空运的 MEB 和预先装载的兵器、装备尽快对接。

陆战远征军（MEF）（见图 5-4）是陆战特遣队的规模最大（1 个师即 3 个团）、是实力最强的。陆战远征军的任务是在任何强度的战争和任意的地理环境中都具备完成

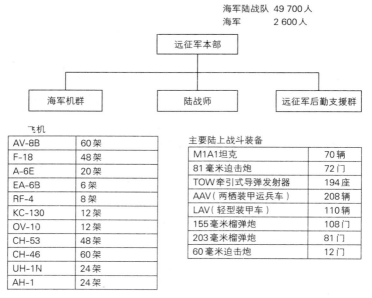

图 5-4 陆战远征军基本编制

大规模的两栖作战和地面作战的能力。司令部指挥官是少将或者中将。航空部队由各海军陆战队航空群编成的海军陆战队航空团。后勤支援部队可以支持战斗 60 天。

陆空特遣队虽是之前没有任何军队搭建过的组织构造，却发挥了非常出色的机能。这种"模块"型的组织构造作为任务组织显示出优秀的灵活性，可以应对所有的作战要求。如此，通过及时的通信和迅速的部署，陆空特遣队可以达成如下的组织功能：①正确定位目标，并实施突袭；②可以在世界各地洋面炫耀美国的军事实力；③可以依靠已经掌握的港口、机场，也可以不依靠这些开展行动；④能够预测以何种程度的水面战斗力前进；⑤可以迅速地进行各种规模的部队编队；⑥登陆后可以自给自足；⑦在集结地、运输、越境飞行、基地权、租借费、补给基地等方面不存在与外国交涉的必要；⑧由国家指挥机关（NAC）对于军事参与的程度和时间给予明确的指挥，作战结束后可以迅速撤离。

陆战队新兵训练营

在海军陆战队的教育训练中经常被提起的是在陆战队基地训练营进行的新兵训练。从 20 世纪 90 年代初开始，在之前提过的在海军陆战队帕里斯岛和圣地亚哥进行新兵训练，其基本内容到今天也没有变化。这种新兵训练是以高中毕业生（年龄为 19 岁，单身男性）和大学毕业生为对象，并且以大学毕业生为主，和海军陆战队士官候选生学校（弗吉尼亚州匡提科）的教育训练也与新兵训练基本相同。新兵营，通过共同体验其他任何军种都不具备的严酷的挑战性训练，造就没有上下级隔阂的海军陆战队的团队感和兄弟般的感情。

到达新兵训练营的新兵，首先是逼迫他们去掉平民的样子，使全体人员成为一个整齐的队伍。社会上典型的都会留有长发，在这里要把所有人的头剃成较短的平头，每个人 20 秒钟就可以搞定。然后接受裸体的身体检查，随后一起洗澡，穿上同样的军服。从零开始重新塑人。小队的所有指导由教官掌管，他不断在小队中巡视，不会放过任何错误。一旦有人犯错，教官就会脸冲着脸，用极其粗俗难听的话语对其进行辱骂。对这个情景的描写，在电影《全金属外壳》中进行了真实的描写和刻画。也就是，教官可以肆意进入个人的空间，从精神层面也支配着个人，就算士兵是同性恋，教官也马上就会知晓。每个人都会挂着"狗牌（识别卡）"，不论学历、家世、人种，从入营的第一天起就会受到如卡片上所写的连狗都不如的待遇，"被剥夺自由并进入地狱"，因此，教官会对新人实施没有人性的虐待，不断对他们灌输新的知识，对教官越憎恨学到的东西越多。训练时间为 11 周（陆军的基本训练是 8 周），由下列的三个时期构成。

（1）第一阶段训练。用休克疗法把军队生活的基本灌输给新兵。新兵训练营最开始的几周，主要学习床铺的整理方法、宿舍内的整顿、制服的正确穿着方法和军人动作的训练。

新兵要上课、接受测验、授枪、翻越障碍训练、接受第一次体力检测。海军陆战队一般跑步前进，要求能够快速的行动，因此要不断挑战体力极限。课程主要讲授海军陆战队的历史和传统、军队的礼仪和纪律、M16A2步枪、密集训练、受伤处置、刺杀训练以及其他。

（2）第二阶段训练。学习会射击。这是整个训练周期中最轻松的期间，因为射击需要心态平静。在步枪靶场，用步枪进行实射，训练打中瞄准的目标。在步枪靶场的最初的一周，是学习射击姿势、安全防范的训练及射击技巧。接下来的一周练习实弹射击，这周的最后一天进行考核。根据射击的成绩分为特级射手、一级射手、二级射手。海军陆战队一直以培养特级射手为训练目标。

在新兵训练中步枪训练中作为通用的技能。是在"每个陆战队员都是神射手"的方针推导下，不论职业种类都作为"射手"的标准培养。第二次世界大战中海军陆战队少将 W·H·鲁帕塔斯所写的《射手的信条》的誓词最为有名。

"这是我的步枪。步枪有很多，但只有这把步枪是我的。这把步枪是我最好的朋友，是我的生命。我要运用它就像运用我的生命。没有我的话，这把步枪将不会起作用；没有这把步枪的话，我也起不了什么作用。我必须百发百中，我必须更准确地射杀敌人，而且必须比敌人的射击速度还要快。我一定要做到这一点。我和我的步枪知道：战争中重要的不是发射多少子弹、发出多少射击声音、制造多少硝烟，重要的是枪弹的命中。我们一定会命中的。步枪如同我的生命一样是有人性的，我像是兄弟一样去了解他，了解它的弱点、长处、零件、附属件、准星和弹仓。不管是风雨还是灾害都要保护它，我要把步枪擦得很干净，妥善保养，随时可以投入使用，就像是彼此的分身一样，一定会是这样的。我在上帝面前发誓，步枪和我要一起保卫国家。消灭敌人，守卫我们自己的生命。但愿如此、直到敌人灭尽，和平到来。"

（3）第三阶段训练。开始学习与警备任务相关常服的粗缝和缝纫，并进一步强化刺杀训练，为了生存的游泳课等。除此之外，也有分别指导的战斗训练、两栖突袭、直升机的突袭训练等。

在新兵训练营最后几天，在教练最终评审、部队检阅、测试体力的跑步、工资的支取以及毕业仪式的准备中度过。

　　每天的日程如下，周一至周五每天早上 5 点 30 分起床；每天晚上写信、读书、看指导用的电视、准备次日要穿的靴子、擦拭徽章、每天有一个小时自由的洗澡时间。晚上 9 点 30 分睡觉。周日以及节日 6 点起床；星期天早上做礼拜、下午按计划开展体育运动。

　　毕业仪式是一个盛大的仪式，在这里毕业生将初次获得海军陆战队队员的称号。穿着被誉为美军中最漂亮军装（蓝色正装），已经成长为连自己的父母都认不出来的阳刚健壮的战士。

　　1959 年 4 月 6 日，帕里斯岛一名教官为了惩罚他的小队，要求小队进行夜间行军，途中发生了 6 人溺亡。20 世纪 70 年代中期，在圣地亚哥刺杀训练（两端用较厚的垫子包裹的长度为 1.5 米的格斗棒进行对练）中，一名新兵被打死。另外，在帕里斯岛一名新兵被教官用步枪射杀。为了杜绝这类事故，现在禁止教官虐待新兵。但也有很多海军陆战队队员感叹现在对教官的权限制约太大，他们反而认为男性生来就有展示男人一面的欲望，在成为新开拓者和冒险机会越来越少的今天，海军陆战队是特殊的存在。到现在为止，从残酷的新兵训练营中诞生的坚强的海军陆战队员依然展示出了优秀的战绩。软弱的训练方法造就不了强壮的海军陆战队员。

　　今天，女子海军陆战队员的训练在另外的训练营中进行，科目和训练内容多少有一些不同，主要因为女子海军陆战队员没有战斗领域（步兵、炮兵、坦克、两栖登陆履带车、飞行员、空战航空将校）的职务分工。但是，对于掌握海军陆战队基础内容这一点，男女是没有差别的。

士官教育

新兵训练营兼做下级士官的培养场地有所不同，培养士官的主要内容，有士官候补课程（OCC）、排级指挥官课程（PLC）以及海军士官学校。这些都比新兵训练营更加严格的课程。

士官候补课程的对象一般是大学毕业生以及海军下级士官、小队指挥官课程一般是对大学在校生进行培训，周期都是 10 周。士官候补课程或者小队指挥官课程和新兵训练营都进行体质锻炼，但是前两者更重视领导能力的培养，这一点和新兵训练营是不同的。

士官候补课程的目的是给予士官候选生以一定的压力，评价其如何挑战和反应，然后进行甄选。展示出良好的抗压能力、领导能力、理智、具备坚强的人格，更具忍耐力、主动性并且协同能力强的人可以获得少尉任职资格。在新兵训练营基本约有 1/4 的人被淘汰，但在士官候补课程中大约有一半的人被淘汰。再加上海军士官学校毕业生中的 16%（大约 170 人）可以加入海军陆战队，这样每年约 1 800 人的新陆战队士官大半是普通大学的毕业生。

第五章　向革新挑战——超越两栖作战

士官候补课程中的第一个压力是时间管理。给候补生一连串要完成的课题，把他们置于完成这些课题时间绝对不够的境况中，因此候选生必须决定哪些是重要的、哪些是不重要的，在保证完成度的前提下必须在决定某些地方做出妥协。第二个压力是残酷的身体训练。这种训练比在新兵训练营更加严格，旨在培养战斗中的体力和忍耐力。通过模拟战争状况，给予他们身体上和精神上几乎不能承受的极限压力。领导能力训练的基本是领导本身展示出的带头示范性，如果没有经历新兵训练营之外的共通体验，就不会产生领导和随从人员之间的强烈认同感，也不会有率先垂范的领导能力。以前，勒琼司令官总结海军陆战队士官的心得时曾经这样说："士官和下级官兵的关系，无论如何都不是上司和部下或者主人和仆人的关系，而是师父和弟子的关系，不，进一步来说，必须成为像父亲和儿子那样的关系。士官对自己指挥下的年轻士兵除了进行教养和军事训练以外，对他们肉体上的、精神上的以及道德上的健全还负有责任。"

通过士官候补过程和小队指挥官课程被选拔出来的人，还要在基本技术科目学校（TBS）进行3周领导能力实践，即战术和战斗领导技能的训练。其内容作接受战命令的方法、命令的方法以及应对战术上各种问题的方法等，另外还让他们体验连、排、班、火力组的指挥并亲身体会步枪手、重武器射手（机枪、班用自动兵器、反装甲车导弹、榴弹发射器等）的任务内容等。在这过程中，让士官候选生充分了解并体会各个职务和任务分工中存在的问题点以及潜在能力。

与此同时也要求士官要懂得作为绅士的社会性礼仪。基本技术科目学校课程中为了实现这个目的，每年举行九次营级会餐和九次将军招待会。

基本技术科目学校的毕业人员全员要按照专业再接受1周至16个月的培训。各个士官要完成5个任务，即学生、海军陆战队的教官、技术部队的指挥官、主要海军陆战部队或者其他军种部队的参谋、特别任务（舰队勤务、海军武官、新兵募集）后才授予职位。典型的职业生涯类型是在出任少尉后5～6年，从军队的初级专业学校毕业，经历一系列的职务（比如，舰队海军陆战队或者总部勤务）。如果成绩较好，通常晋级为中尉。如果同时完成专业训练的话，可以升到上尉指挥1个连。经过10～12年有希望的士官可能升为少校。成为少校的话就是营长或者航空团的高级士官。从海军陆战队的规模来看，层级越往上席位越少，竞争也越激烈。

士官候补课程的毕业人员全员都会授予短期职务，一般需要服务4年。如果以海军陆战队为职业的话，必须应征一般勤务。如果不这样的话，是不允许继续留在海军陆战队的。心怀成为职业军人野心的人，有垂直晋升和参谋两个发展方向。希望成为上尉指挥1个连的人必须到陆战队两栖学校学习一年。希望成为团参谋的必须去指挥·参谋大学学习。此外从中校、上校升至将官的重要步骤是要到海军战争大学去学习。

在中尉或者上尉任上的累计两次丧失晋升资格的人必须离开海军陆战队。另外军官的体重必须保持在规定的范围内，每年的体能测试和身体检查必须合格；离婚纠纷会妨碍升职的机会，饮酒驾驶的犯罪举动一定会毁了作为军人的将来。

除此以外，对于特别优秀的士官或者校官预备了其他军种的专科学校或大学、国家的军事专科学校或大学以及民间的大学或研究生院等丰富的教育机会。

在海军陆战队，陆战队士官都经历多种职务，因此，他们和其他军种的同等职位相比，海军陆战队士官具备更强的能力也能承担更大的责任。

海军陆战队的价值

表示海军陆战队价值的词汇和象征有很多。新兵训练营中关于骄傲、挑战、自律、奉献和牺牲等被转化为行为规范编入每天的课程中，海军陆战队严格的修行据说就像基督教一样。

表示海军陆战队使命的词汇是"站在战斗的最前沿"，这也一直被"一战"以后的新兵招募的海报采用。至于总统的指令一下派遣海军陆战队出动，就有"派遣陆战队"、"告诉陆战队"等说法。海军陆战队没有完不成的任务，言下之意就是只要海军陆战队出动的话总能解决点问题。在海军陆战队的徽章上绘有"地球和锚"，如图5-5所示。地球和锚表示海军陆战队具备是全球性远征军的作用和职能，展翅的雕表示时刻备战。顺带说一下，海军陆战队的吉祥物是从"一战"中贝隆森林之战中的"魔犬"衍生而来的虎头犬，是绝对不会撤退和投降的顽强犬种。海军陆战队的昵称是"革领（leatherneck）"，创立时期海军陆战

图 5-5 1950 年的美国海军陆战队征兵海报，画面正中是"地球和锚"

队的士官和士兵着装一致，在领子的底部缝制的黑色皮革的"革领"。这种领子一般是使头部直立或者保护脖子免于免受刀剑的伤害，现在海军陆战队机关杂志的名字就是 *leatherneck*。

被称为"进行曲之王"的约翰·菲利浦·苏萨（John·Philip·Sousa）在 1868 年 14 岁的时候报名参加了海军陆战队。在他加入海军陆战队第 8 年的时候，创作了《永远忠诚》，这首歌在 1883 年被采用为海军陆战队的格言。在新兵训练营的大门处写着"为成为海军陆战队队员，要永远不改对自己、同伴、部队、国家以及上帝的忠诚"。对于忠诚有多种多样的解释，如果是战斗，即使付出多大牺牲也要完成任务就是忠诚的一种。例如，军队如果出现 38% 的减员的话，通常会认为已经丧失物质和精神上的战斗力，但是在塔瓦拉之战中的陆战队第 2 师第 2 团损失了 40%、在硫黄岛上陆战队第 5 师第 28 团损失了 75% 仍然继续战斗。

1880 年起，就任第 14 任海军陆战队军乐队队长苏萨，每年都举行全国性的演奏巡游，声名远扬。《星条旗永不落》、《华盛顿邮报》、《自由之钟》、《哦，船长》、《雷神》等都是他广为流传的曲目。海军陆战队军乐队，不仅是美国最大的军乐队，也是为总统演奏的唯一的军乐队。自 1778 年设立以来，除了约翰·华盛顿总统以外的历任总统就任仪式上都演奏过。托马斯·杰弗逊总统把海军陆战队军乐队称为"总统自身的军乐队。1863年林肯总统进行有名的葛底斯堡演说的时候说:"没有我的许可绝对不能从华盛顿调离的只有陆战队军乐队,我们,也就是军乐队和我,我们宣誓即使面对强敌也要坚守白宫。"后来根据杰奎琳·肯尼迪的愿望,引导被暗杀的肯尼迪总统棺椁车队的也是陆战队军乐队。1949年,温斯顿·丘吉尔在马萨诸塞州工科大学进行演讲,从讲坛上走下来的时候,他面向听众请海军陆战队军乐队演奏"海军陆战队赞歌",然后,他和着演奏,演唱了整首歌的第一段到第三段。

海军陆战队军乐队在每年夏天的每周二的黄昏都会在华盛顿的阿灵顿国家公墓附近的硫黄岛纪念碑前进行日落巡演。演奏《忠诚》和《海军陆战队赞歌》,电影《你是好人吗》的导入部分中有一段无声的仪仗兵表演的场景,指挥巡游的士官和中士佩剑前进。剑是1805年的黎波里行政长官授予在的黎波里讨伐海盗立功的普雷斯利·奥班农中尉的马穆鲁克(mameluke)剑的复制品。现在,士官以及下级士官在仪式上能够佩剑的只有海军陆战队。海军陆战队军乐队行进指挥官的肩带,列举了海军陆战队主要战斗、战役的地名(如瓜达尔卡纳尔岛、朝鲜、越南等),正是如此日落巡演被公认为是浓缩的海军陆战队历史表的艺术再现。每年最后的日落巡演是在9月下旬,之后的海军陆战队军乐队最大的活动是11月10日海军陆战队的创立纪念日。

第五章　向革新挑战——超越两栖作战

海军进行列队的时候，海军陆战队有位列最前头并且最右翼的特权。陆战队以此为荣耀，队员训斥部下的时候，会大声骂道："回家吧，加入陆军去。"

海军陆战队招募新兵的海报也是与其他军种不同的。陆军的海报是"来陆军吧！有一个新的开始"，海军的是"加入海军，看世界"，空军的是"飞得更高，到空军来吧"，海军陆战队的海报是"优秀的人、骄傲的人。海军陆战队"。这种宣传口号是表示"这里是精英的集团。想成为陆战队员就来试试"的挑战性的口头禅。"谁都可以加入海军陆战队的话，那就不是海军陆战队了"、"海军陆战队要的是一部分精锐"。获得海军陆战队队员的称号，就像在中世纪从国王那里得到骑士称号一样，而其他军种就不会有"获得"的这种欲望，因此，海军陆战队对"职业意识"非常重视，"一个志愿兵要比十个服兵役的优秀"，从很久以前开始海军陆战队就只由志愿兵构成的。

在等级鲜明的海军中，海军陆战队形成了不拘泥于这种形式的传统。就连海军陆战队司令官，也只是一名海军陆战队队员，他对部下发布信息的时候经常使用"陆战同伴"或者"陆战兄弟"等的称呼。

海军陆战队队员经过新兵营的训练，第一次获得海军陆战队队员的称号。海军陆战队是塑造人的部队，不管职业种类（例如步兵、飞行员、卡车驾驶员、计算机操作员），他首先是海军陆战队队员。因此海军陆战队的军服没有表示职业种类的徽章，但表示降落伞、潜水、炸弹处理特殊技能资格徽章例外。表示所属的师和航空团徽章在第二次世界大战后被废止，从这一点上就可以看出，海军陆战队是整齐划一的集团。

有意思的是如前所述，虽然看起来是整齐划一的集团，海军陆战队却没有像陆军的西点军校、海军的安纳波利斯、空军的科罗拉多·斯普林斯的独立士官学校。士官的一部分是由安纳波利斯的海军士兵学校提供，其中约70%是普通大学毕业生。某陆战队将校说："我们需要有各种背景的人。我们需要美国国民的代表性人物。"

"多才多艺"这句话经常被提及。在海军陆战队中不管是飞行员，还是坦克兵，首先都需要接受射手训练，也就是说海军陆战队所有人都可以用步枪进行战斗。因此也可以说，是执行特殊任务的步枪兵在开动坦克、发射大炮、操纵直升机和喷气式飞机。

海军陆战队的英雄也出自所有的阶层。在折钵山上挥舞星条旗的都是一般的陆战队士兵，海军陆战队的基地和舰艇，都以海军陆战队员的名字命名，这些不分阶层的陆战队员用实际行动展示了海军陆战队价值观——忠诚和勇气。例如，瓜达尔卡纳尔岛的亨德森机场、塔瓦拉的霍金斯机场，冲绳海军陆战队兵营的名字就是以冲绳战斗中因功被授予荣誉奖章的陆战队员的名字命名的，还有考特尼营、汉森营、施瓦布营、麦科特勒斯营等。导弹护卫舰

U·S·S[①]罗德尼·M·戴维斯号就是以获得荣誉勋章的已故海军陆战队戴维斯士官命名的，他在越南战争中，扑在了敌人投掷来的手榴弹上，拯救了自己的伙伴。传统上海军陆战队从下级士官提拔士官，优秀的下级士官被称为"野马"，其必要条件是当兵满4年或者有中士军衔。他们被选拔出来被送往海军士兵学校或者普通的大学，获得大学毕业生资格以后进修士官候补课程。所有等级的士官都有"野马"的存在，这也说明了海军陆战队推崇的实力。

还有"绿色海军陆战队"的说法。这句话起源于海军陆战队的军服，就是说不管是白人还是黑人，全体人员着装都是绿色的。最初海军陆战队由白人士兵组成，黑人队员首次出现在前线上是在太平洋战争中的塞班岛。即使杜鲁门总统发布了在军队中废除种族隔离的总统令，在海军陆战队中的实施也相当迟缓。白人和黑人首次在一起战斗是在朝鲜战争，虽然在越南战争中出现在战场上的黑人士兵不少，但仅就海军陆战队而言，黑人还不到10%。因此，海军陆战队出于强调人种平等，开始使用"绿色海军陆战队"的象征性称呼。

海军陆战队不存在原海军陆战队队员这句话。即使离开海军陆战队，此生都将是海军陆战队队员，这就是所谓的"一入陆战门，永是陆战人"。离开海军陆战队的人一旦犯罪，新闻也会报道成海军陆战队员犯罪了。暗杀肯尼

① 　U·S·S指美国海军船只。——译者注

迪总统的李·奥斯瓦尔德就是其中的一个例子，这对于全体海军陆战队员来说都是一种耻辱。这种不同形式的终身雇佣使退役人员和现役人员的联系也是很紧密的，海军陆战队的机关杂志《革领》经常报道退役人员的近况，以保持类似家族或者小团体的团结。本书在卷末列举了海军陆战队出身的名人。

海军陆战队有"不对友军见死不救"和"决不把死伤人员扔在战场上"的传统。将校或者士兵冒着危险去收容死伤人员，结果自己负伤或牺牲的例子不胜枚举。对即使死伤也一定不会被遗弃的信赖和前赴后继的战友之情成为海军陆战队队员的团体意识的支柱。朝鲜战争中在志愿军包围下撤出长津湖的作战中，有一张向古土里进发的海军陆战队队员的照片中可以看到，装着尸体和装备车辆，以及相伴而行的疲劳的海军陆战队队员，画面上死者乘车，活着的人在步行。这与折钵山上美国国旗飘扬的照片一样，都展示了海军陆战队的军魂。在古土里，用C47运输机把伤员运往后方后，举行了埋葬战死人员（117名）的仪式。负责记录的军官测量了埋葬的位置，是为了到时一定要把遗体运回故土。在海军陆战队士官手册中有如下章节：

"在战斗中期望看到的每个海军陆战队队员的能力、果敢和勇气中，最为期待的是不论牺牲多大也决不把伤员或者战死的陆战队队员扔在战场或者弃之不管。

图 5-6　长津湖撤退的海军陆战队队员

第一手情报

　　海军陆战队情报搜集的特色是重视手触摸到的亲身经历的情报。在组织结构上，除了情报部门以外还有通称为 Recon·Marines 的海军陆战队武装侦察兵的侦察部队。Recon·Marines 是所属海军陆战队的眼睛和耳朵。

　　太平洋战争开始之后的 1942 年 1 月，各营和团情报部门的士官和下级士官共计 22 名组成了称为观察队的两栖侦察队，这是海军陆战队组织化的侦察队伍的前身。只凭航拍照片是看不到丛林内部的，正确的情报必须由经过训练的侦察队获得的第一手情报。这个组织在第二次世界大战中从连扩充到营，对太平洋各个岛屿的情报搜集活动做出了贡献。

从 20 世纪 50 年代后期到 60 年代初期，Recon·Marines 开发出了很多新的侦察手段。例如 skydiving[①]（现在是普通的手法，但是在 1957 年前还是新的方法）、从潜航的潜水艇中浮游脱离、长距离无线电通信、在无法着陆的地方撤回人员的空中吊篮、海岸·航道调查、水下声音交流等。到 1965 年为止，Recon·Marines 是唯一可以深入敌后进行渗透侦察的部队。

在越南战争中，Recon 的作用发生了很大的变化。因为在太平洋战争中的两栖作战中，必须尽力对敌人隐瞒登陆的地点，所以侦察部队要力求避免和敌人交战。最根本的是小分队在万一遇到敌人时，需要分散、撤退、隐蔽，即使只剩一个人也要把情报传到友军前沿。但是，像在越南战争中难以划分前线的以排为单位的战斗中，侦察巡逻队在遭遇敌人的时候，通常是一边集中部队和敌人开战，一边转换方向突围。在寻找敌人并歼灭的作战中，Recon 在发现敌人，指引火炮和舰炮射击、近身空中支援等方面发挥了前方观测员或者舰炮、空中管制的作用，取得了很大战果。

陆战队武装侦察兵虽具备无线通信引导、火力支援、

---

① skydiving 指尽量延缓开伞时间或在离地面更近的高度开伞的跳伞行为。——译者注

侦察技能、两栖作战技能，但是，也有人认为在海军陆战队，没有必要在精英中再培养精英了。

诚然，海军陆战队和其他三个军种相比，在装备的更新以及更多的搜集情报的工具，但人造卫星或者计算机技术的使用不可谓不先进，尤其是计算机对数据信息的处理非常的优秀，但是相比计算机的分析结果、海军陆战队对特定目标所固有的变化情况即由人传回的情报更为重视。

海军陆战队除了完成"总统命令的其他任务"以外，还被赋予开发适用于两栖作战的装备、战术、技术及技术革新等任务。海军陆战队最大的问题就是预算少，但反过来也意味着海军陆战队可以较低的成本来完成任务。这一节约型的传统起自补给将校的影响力，以较少的预算参加其他三个军种的研究开发，利用信息反馈体系的制度来弥补预算的不足。例如，在越南战争中，海军陆战队的地面部队和空中部队都派驻了联络人员，他们调查作战中的需要，汇总给弗吉尼亚州的匡提科开发中心。海军研究所也派遣两名代表加入陆战队第3军，对作战需要的技术改良方案作进一步改善。即使是现在，所有海军陆战队队员仍负有提供有关研究开发信息的义务并建立了这样的机制——每当训练结束后，即便发现一把工兵铲有可以改良的地方，部队也应该马上通知开发中心。

海军陆战队节约的传统在前面所说的垂直·短距离起降机（V/STOL）的引进、开发时候也有表现。对空中掩护带来革命性变化的垂直起降鹞式攻击机，并不是海军陆战队自己独立开发的，对于缺乏陆军步兵部队那样拥有集群火力的海军陆战队来说，可以通过近身空中支援（见图5-7）来弥补，因而除了直升机以外，对不需要跑道的固定翼 V/STOL 飞机始终抱有很大的兴趣。

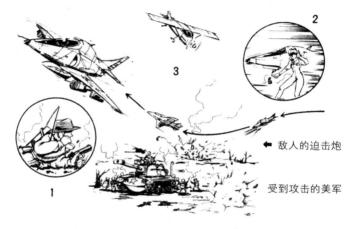

← 敌人的迫击炮

受到攻击的美军

图 5-7　近身空中掩护[①]

① （北极 T and J. 吉姆利特编，1988 年以第 10 页为基础修订）

1. 受到迫击炮攻击的 3 人组合的步枪兵向海军陆战队总部要求近身空中掩护

2. 总部向东海的航空母舰发出请求，天鹰战机 40 分钟以内出动；

3. 塞斯纳战场观测机和步枪兵保持联络，并引导天鹰战机的导弹攻击

第五章 向革新挑战——超越两栖作战

　　海军陆战队很早就关注英国的霍克·西德尼公司开发的鹞式飞机，派遣陆战队上校汤姆·米勒参加了 1968 年范保罗航空展并实际进行了飞行测试。让人惊讶的是，这是自"一战"后美军首次购买其他国家生产的飞机。海军陆战队一般不会有很多的要求，一旦决定了就一定会从国防预算中得到，陆战队说服海军采购了"鹞"，利用其优秀的性能开发了空战的新战术，比如研发了迄今为止都领先的可以实现快速回旋的 VIFF（推力向量变换）等飞行方法。而且用鹞式 AV8 替代了曾经在越南战争中担任过近身空中掩护的道格拉斯天鹰 A-4。

　　最近主要的技术更新范例是列入 1996 年年度预算的贝尔与波音合作的鱼鹰 V22，这是代替现在所使用的攻击运输直升机——CH46 的中型攻击运输机。V22 可以像直升机一样螺旋桨水平旋转垂直地起飞和着陆，在普通飞行中旋转翼转向前，变身为固定翼螺旋桨飞机（见图 5-8）。鹞式是 V/STOL 的战斗机，V22 则是投入使用的最新型军、民通用的 V/STOL 运输机，与 CH46 的 139 千米作战半径相比，370 千米作战半径的续航距离不需要从海面的登陆舰上起飞和着陆，而且可以以 CH46 约两倍的飞行速度（520 千米 / 小时），运送 24 个全副武装的士兵，有可能实现真正意义上的奇袭（突袭）。

图 5-8　V22 起飞或着陆时（左）和一般飞行时（右）

　　海军陆战队最初一共要求订制 425 架 V22，到 2001 年年底前先订购了 5～9 架，其中 1999 年第一架飞机完成了实战配置。

反省体制

　　为了不陷入机能过剩不断进行革新挑战，重要的是组织通过日常性创造、变化的过程把对基本事物的看法、认知架构、思考前提实行制度化。

　　海军陆战队实现这个目标采用两种方法。一是，有海军陆战队司令公布推荐图书，给全体陆战队员，提供讨论的机会。这是其他军种（甚至在民间组织也少有）难得一见的少见方法。二是面向海军陆战队将校的月刊由"构想和争鸣"的自由投稿的版面为中心，每月 10 日前后发表的论文对军事理论、战略、战术、战斗技巧等进行讨论，从各种角度重新研究海军陆战队的现行做法。根据这本杂志最后一页所写的编辑方针，这个版面的目的是："通过提供自由议论和交流构想的平台，……以及富有思想的投稿，让每年有更多的陆战队员在促进海军陆战队进化和进步方面可以提出建设性的意见"，并附注"对发表的内容有相反的论点、意见或补充意见也必须是有建设性的"。

　　这种对既成的体系进行局部的创造性改变（或创造性的破坏）的方法必须留意组织外部不断变化的环境，并且还必须具备对每一个概念以及概念制度化后是否落后于时代进行评测的机能。海军陆战队没有独立的庞大的情报搜集机关，但是作为以革新为志向的组织，与其全面依靠这样的机构或部署，还不如每个组织成员对环境变化进行监视、力求发挥个人以及组织层面变革的积极性才更为理想。海军陆战队中鼓励争鸣，可以看做是全员（实际上是将校级别以上）对环境进行监视的同时、共同谋划应有的海军陆战队的未来。

　　现役的海军陆战队队员参加以上的活动，海军陆战队出身的、特别是前陆战队员的国会议员可以极其敏锐地感知至今为止海军陆战队的大多数的危机，这对于海军陆战队的继续存在起到很大的作用。对公开场合，他们是和组织的关系被切断的人。但是，就像"一入陆战门，永是陆战人"那句话所说的，可以把他们看作海军陆战队的一部分。海军陆战队通过他们张开了察觉政治性危机的触角。

第六章

组织论的研究——自我革新组织

自我革新组织的要件

　　至此，对美国海军陆战队——这个1775年创建的军事组织的历史有了基本的了解，最后在组织论的角度分析一下这个组织的生成、发展。

　　分析海军陆战队产生及发展的第一感觉是这个组织富于挑战性创造力。不仅依靠从过去的错误中获得经验，还在经验的基础上突破性地勾勒出未来的世界格局和自画像，然后重新审视组织的使命，再进行使命具体化的各种革新即创造新知识。如上所述，这个组织不只是学习型的，更应该把这种不断创造自我变革的组织称为自我革新组织（Self-renewing Organization）。这样的组织在宿命论的世界中是难以栩栩如生地描绘出来的。所谓自我革新组织是自我不断产生危机感，在此过程中用飞跃性大进化的再创造和连续的逐渐的小进化的方式，逐次地或者是同时进行新的自我创造的能动性的组织。从这些方面来考察一下海军陆战队作为自我革新组织的要素。

　　从结论上来看，其要件是：①对"存在理由"的探寻和生存空间的进化；②实现独有能力"有机集中"的功能配置；③"分化"和"统一"最大化；④核心技能的学习和共有；⑤基于人类和机器的情报系统；⑥存在价值的具体化。接下来对这些要件进行逐一说明。

对"存在理由"的探寻和生存领域的进化

一般组织的战略制定，是对组织的资源、能力以及外部环境的变化所潜藏的机会和风险进行评估后，据此实施重新改造、调整步骤的话，那么构成战略的第一要素就是自身领域的定义。领域指组织希望在什么领域中和环境相互作用而决定其自我生存领域。领域的定义是组织表示出不论是谁以怎样的能力提供什么样帮助都有益基本思想，从而最终使组织的使命明朗化。

但是这种独立的生存领域，并不是仅通过理论性分析就可以有结果的。是在与环境相互作用中，通过思索反省和反复经历才逐渐的明晰，在某一时点领导使其明确的概念化。实际上，独立战争时期的海军陆战队只是因为宗主国——英国有这样的组织，出于模仿而创立的。

帆船时代的海军陆战队的使命，具体到任务是舰上警察或者军舰遭遇时的阻击或白刃战部队。但是，由于蒸汽涡轮的开发进入钢铁舰艇的时代后，像那种活跃的场面已经没有了，对海军陆战队舰上勤务的需要也降低了。就有人认为海军陆战队的警察性质的乘舰勤务反而成了从帆船时代粗鲁的水手到近代知识水兵的道义上的阻碍，以至于不需要海军陆战队的论调抬头。

另外，虽然在"一战"中通过类似在贝隆森林之战中，以及其勇敢战斗行为而声名鹊起的海军陆战队，其任务基本上还是陆军的支援部队，并没有发挥海军陆战队独特的攻能。因此，出现海军陆战队并入陆军序列的观点也理所当然。

在这样的情况下，不同常人的海军陆战队参谋埃伊尔·H·埃里斯少校所起的作用是划时代的。他预见到了"一战"后西太平洋地区军事上不安定性的增大和对日战争的不可避免，继而主张海军陆战队的任务是从前进基地的"防御"到"夺取"的战略性的转换。从这里开始，美国海军陆战队开始抓住创造"两栖作战"这种独自的生存空间的契机。

两栖作战这种概念，并不是从海军陆战队过去经验的延伸而得出的，也不是从现状的改善中引发的小进化，而是与以往并不存在连贯性的飞跃性的大进化为契机得到的概念。概念的产生，其内容即使和过去的知识储备不甚相关，也可以创造出必要的知识。概念是可以超越经验自由飞翔的。历来作为小进化精炼的经验比较多，但是大进步的再创造是以超越经验的概念而开始的事例就不多了。

高度评价这种异于常人能力的海军陆战队司令勒琼也可以算是非常优秀的人物。在概念阶段评价其价值是非常困难的。在尚未成形，还不知道是毒药还是补药的阶段必须对风险要有心理准备。虽说规划"橙色计划"的是海军指挥的中坚将校们，但如果没有对此概念给予正当评价的指导者的话，他们的构想是绝不会成型的。

表 6-1　美国海军陆战队的发展概况

时期\项目	创立期（创立1775.11.10）	摇篮期	第一次世界大战	太平洋战争（20世纪40年代）	朝鲜战争（1950年起）	越南战争（1960—1970年后）	里根时代（1980年后）	现在
环境	美国独立	海外发展马汉的《海权对历史的影响》（1890）	西奥多·罗斯福"棍棒外交"威尔逊"传教士外交"哈丁《回归平常》华盛顿裁军会议（1921）	罗斯福"新政""睦邻外交"海外市场扩大伦敦裁军会议（1930）伪满洲国建国（1932年）	杜鲁门主义"封锁政策"NATO①（1949年）SEATO②（1954年）	肯尼迪"新领域"古巴危机（1962年）美、前苏军事抗衡约翰逊"伟大的社会"卡特主义	里根政权的军事扩张	冷战结束后，新世界秩序的磨合，地域纷争的多发
使命	舰上任务（主要为警察）小规模登陆支援陆军	前进基地防御	陆军支援部队	夺取前进基地两栖突袭部队	两栖突袭部队	快速反应部队	全球性的快速反应部队（在全球范围内，快速、有效地并且确定性完成任务的快速反应部队）	全球性的快速反应部队（民族冲突、种族矛盾、宗教纷争、恐怖袭击、应对低强度战争[]）
技术	木制帆船	动力船（蒸汽涡轮、发动机）钢铁巡洋舰（1883）	飞机坦克	两栖登陆履带车（LVT）坦克登陆舰（LST）车辆登陆艇（LCM）近身空中掩护舰炮射击	核武器运输直升机	攻击直升机垂直·短距离起降飞机V/STOL登陆突击舰（LHA）	气垫船（ACV）	贝尔·波音合作的鱼鹰系列飞机
组织	小规模未分化	海外远征部队	海军陆战队航空部队（1917）	舰队海军陆战队（FMF）（1933年）		陆空特遣队紧急部署联合机动部队（1979）海上战前预置舰	陆空特遣队	陆空特遣队
战役战斗	独立战争（1775年）的黎波里海盗剿灭战（1801）美英战争（1812年）	美国和墨西哥战争（1846）美西战争（1898）义和团事件（1900）拉美作战活动（1900年初期）	法国北部战线战（贝隆森林之战）义德贝森、圣米歇尔、相思岭山）	太平洋诸岛的登陆作战（瓜达尔卡纳尔岛、塔瓦拉、硫黄岛、冲绳岛等）	韩国仁川登陆作战长津湖撤退作战	保安作战（金羊毛、城镇公平作战）溪山攻防战（1968年）春节攻势（1968年）	贝鲁特海军陆战队司令部爆炸（1983）格林纳达入侵（1983）巴拿马紧急派遣（1989）	海湾战争（1990年）

---

① NATO——北大西洋公约组织，简称"北约"。——译者注

② SEATO 是 1954 年 9 月 8 日美、英、澳、新、泰、菲和巴基斯坦在马尼拉签订的旨在镇压东南亚地区民族解放运动的军事政治集团。——译者注

③ LIC，指低烈度战争。——译者注

从领域的定义这一点来看，组织是主体性的在环境中作用，在预见环境的变化的同时，进行与之相适应的领域的修正。第二次世界大战结束之前的原子弹的研究把两栖作战的价值一下子归零，海军陆战队又陷入存亡危机。配置大型舰队在太平洋战争中的两栖作战，被暴露在巨大并且具有集中性破坏力的原子弹下的危险下，在新的形势下的两栖作战就要求具备在短时间内可以达到"分散"和"集中"的快速的机动能力。

海军陆战队面对这样的挑战，比世界上任何军事组织都更早一步引进了直升机。这是在传统的两栖作战中引进空地联合作战概念，即领域的范围进行了扩大修正。仁川登陆作战将传统的两栖作战再次搬上了历史舞台，在经过越南战争以后，海军陆战队在空地联合思想的基础上又进行了全球化快速反应部队的生存领域的修正。

布拉戈耶（1980年）是在一般市场中不会受到竞争的影响而被淘汰的非盈利官方组织受到促进革新的刺激，对其而言这是一种生存危机。这种危机的威胁来自于：①预算的削减或者搁置；②其他官方组织覆盖了该组织的功能；③该组织废除。这种生死存亡的危机驱动官方组织的不断革新，因此也可以说官方组织进行革新的动机是源于生存本能的。

海军陆战队迄今为止所展示的革新，也可以说是在排除不断对其生死存亡的威胁。即使是在平时，也正是因为是在平时，才会追问海军陆战队存在的理由。它应该是"常在战场"的，因为海军陆战队总被认为一直同内部以及外部的"敌人"一起抗争。

独有能力——实现"有机集中"的功能配置

开发在领域中生存所必要的独有能力，在强调与其他组织的差异化的同时再进行施展独有能力是自我革新组织的战略要义。构成独立的要素是多样的，这里认为是把使命或者概念具体化的独有能力。

战略，换言之是资源分配的模式。组织掌握的资源（人力、物力、财力、知识、信息）通过其功能都可以得到。组织独立的基本是功能的配置。功能的配置最适合完成组织的使命，所有的功能相互影响，整体可以统一行动的关系，也就是创造有机。不是平等地处理所有的要素，而是明确中心功能，形成可以产生有利的、集中的、有机的关系是非常重要的。对所有功能都持同等关系的组织是无法发挥集中力的。自古以来，都认为战略的本质就是集中。近代战略论的大家李德·哈特（Liddell·Hart）认为战略并不是绝对、唯一依存于形势的，其普遍原理即为"集中"。战略上的成败与某些特定情况下利用良好的时机投入集中性的力量是有关系的。

海军陆战队的功能配置（见图6-1）是相当明晰

的。中心功能是步兵，即海军陆战队队的步枪兵。海军陆战队是步枪兵在驾驶飞机、直升机、坦克、水陆两栖履带车等。虽然近代战争可以说是飞机、坦克、导弹的战争，但是在海湾战争中，最后出动的步兵被称为战争胜利关键的占领并确保战略性部位还是必不可少的。在海军陆战队中对于步兵有比较幽默的词语，把步兵称为"grunts""ground pounders""gravel crunchers" 等，海军陆战队所有的功能都需要步兵的支援。步兵和其他功能进行有机结合时，可以发挥强大的力量。海军陆战队的功能配置以步枪兵为中心，并有机地配置地面支援、运输·舰炮支援、空中掩护、后勤支援。而且，为了实现集中，不是把步兵放置在顶层，其他机械呈阶梯配置，而是以步兵为中心形成相互依存的有机集中，这是海军陆战队功能配置的特色。

根据美国军事史家阿彻·琼斯在《西方世界的战争艺术（1987 年）》的著作，传统的武器体系由重步兵、轻步兵、重骑兵、轻骑兵四者构成，如图 6-2 所示。考虑相互之间的优劣关系平衡地配置这 4 个兵种，达到攻守兼备才是胜利的关键。能够实现这两点的是亚历山大大帝的军队。

亚历山大大帝的军队以持有长矛、剑、长枪的重步兵形成方阵（密集队形）击破敌人的主力，以持枪的轻装甲步兵作为侧面掩护和预备队，再以轻装的使用标枪、弩、投石机的步兵集团作为投掷部队。另外，将选拔出来的身披装甲、持有长剑、短枪的贵族青年编成装甲骑兵集团，对受到方阵打击的摇摇欲坠敌军主力以最后一击，在前哨任务和侦察以及非正规战斗中使用持有标枪和短剑的轻装甲骑兵集团。亚历山大大帝能够征服现在的希腊至埃及、巴基斯坦的广大的领土的原因之一，是军队编程或配置的有机性。

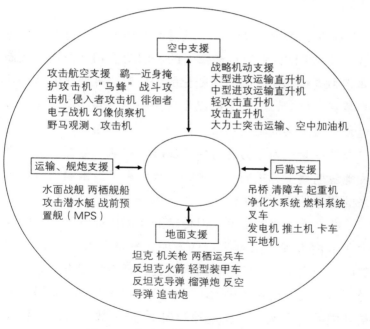

图 6-1　海军陆战队的范围和机能配置

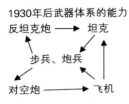

1930年后武器体系的能力

反坦克炮 ——→ 坦克

步兵、炮兵

对空炮 ——→ 飞机

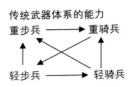

传统武器体系的能力

重步兵 ——→ 重骑兵

轻步兵 ——→ 轻骑兵

图 6-2　武器体系的战术性能力

（注）箭头表示各个武器和兵种的优劣关系。例如，在战斗中重步兵要比重骑兵处于优势。出自：（Jones，1987 年）

但是，能够保持这 4 个兵种的平衡的时代是非常少见的。4 个兵种分别通过被赋予的不同功能相互作用，武器体系中支配功能是随时代变化的，导致这种变化的就是技术革新。比如，罗马军队以步兵为中心，骑兵说到底只不过是重装步兵的辅助部队。打破步兵为主角的平衡状态的是以装甲骑兵为主力的哥特（Goth）军队。这样步兵的支配地位崩塌了，重骑兵首位的时代到来了。重骑兵时代到来的背景是镫的发明这一技术革新。

虽不乏类似的事例，但传统的 4 个兵种整体上在向模糊化方向发展。随着手枪的发明，轻骑兵和重骑兵之间的区别消失了；又随着刺刀的引进，轻步兵和重步兵被融合；随着火绳枪和步枪的出现，步兵使骑兵的功能弱化也是其中的一个例子。在这种倾向下，"一战"前，步兵成为了支配性的兵种。

但是，由于坦克和飞机在"一战"中登场后，使得步兵起支配作用的武器体系发生了变化。在"一战"的前期，出现的是在武器体系和编成上没有差别化的相同性质的军队，出现了相对平衡的情况。西部战线陷入胶着就是这个原因。打破这种胶着状态的是英军开发的坦克。作为对策，德军曾经考虑过使用炮兵，与当时在纵深、正面发挥火力的炮兵战法相反，结果是反坦克炮配备给了步兵。另外，在这次世界大战中，为了对付在实战中出现的飞机，防空炮也真正地开始研究。还有，在20世纪30年代初法国把20毫米炮装在战斗机上，用来对付攻击坦克。因此，在传统武器体系中看到的构图在近代战争中又复活了。这是坦克和飞机技术革新带来的结果。在这种状况下，跨入了第二次世界大战。

传统兵种的重骑兵的功能被坦克所代替、轻骑兵被飞机的功能所取代，考察海军陆战队地面功能，虽然是以步兵为核心，但是可以清楚地看到把坦克、飞机和火炮（包含防空炮和坦克炮）进行了有机的配置。也许可以说，海军陆战队是理想地保持了4个兵种兵力平衡的亚历山大大帝军队的现代版。

"分化"和"统一"最大化

组织的环境适应理论散发出的命题之一，是为适应不确定的环境企业组织可以巧妙地把握"分化"和"统一"

的平衡（劳伦斯和洛尔施，1967年）。企业组织的分化就是在组织内的部门之间有如下差异：①在部门的目标指向性（以制造、市场、科学技术的某个为目标）；②部门的时间管理（环境反馈的时间长短）；③部门的心理结构（以人际关系为中心或是以任务为中心）；④部门结构的模式（是柔性结构还是刚性结构）等这几点上存在差异。更具体地说，就是把组织大体分为制造、市场和研发三个部门，推进各个部门之间的分化。各个部门的成员，可以说是"不同的物种"。

军事组织的部门也可以观察到大的分化。军事组织大体划分为陆、海、空三个部门，它们的目标、时间管理、心理结构和部门结构互不相同。以最为明显的时间管理为例：在陆地的上步兵是时速4千米，而装甲化部队以时速25千米作为行动的基准，空中的飞行员更是生活在时速1000千米的世界。这种时间管理上的差别，应该对于人的"事物观"、意志决定和行动有很大的影响。对于目标指向性，传统上把海洋作为舰队决战、空中作为战机决战的主要目标，把登陆作战支援或者近身空中掩护作为各自辅助性的目标。关于心理结构，相对于浓重情绪化的人际关系的陆地，更依赖科学、技术（船或者飞机）的海洋和空中，应该更倾向机械性的以任务为中心的类型吧。关于部门结构，反而是最前线的更重视机动性的海洋和空中，比陆地上的部门更具有柔性结构的特点。

这种部门之间的分化使各个部门的专业度高度发展，对有效应对军事环境的复杂化、快速化是有必要的。不过，为了取得两栖作战的成功，对陆、海、空三军的统一整合功能也是不可或缺的。

表 6-2 组织内部门之间的分化内容

	目标指向性	时间管理	心理结构	部门结构
制造	以成本、品质、效率为目标	短期（以单位时间的产量以及品质管理为课题）	任务中心的模式	依靠制定的规则、程序，业绩考评等严格的刚性管理
市场	以销售额、市场占有率为目标	中期（以周或者月为单位的销售额作为课题）	人际关系为中心的模式	处于制造和研发部门的中间的结构
研发	以科学、技术上的成果为目标	长期（以半年或者以年计的新产品、新技术的开发为课题）	任务中心的模式	不依靠公布的规则、程序、业绩考评等的柔性管理

劳伦斯和洛尔施对于这样的分化，认为处于安定环境的企业主要是官僚制即刚性的统一组织，而处于不安定环境的企业是机动部队，并且发现后者以更有效的统一机构去适应"分化"。而且，更重要的是行业内业绩很好的组织能够将，"分化"和"统一"这两种完全不同组织形态同时做到了最大化。

但是，分化和统一"同时"最大化在理论上是不可能的。统一和分化的矛盾在头脑中的理论世界中是解决不了的。打破这个理论矛盾的是现实世界中的行动，也就是说，行动可以改变角度，可以明白统一和分化的力（需求）并不是不能平衡的。根据时间和场合，感知和取得不同力的关系，组织的领导者选择、推进其中比较强的一方。这样，通过交互追求更高度的分化和统一，组织就可以实现螺旋式的革新。

表 6-3　水陆两栖作战的统一系统

要素	两栖作战的需要	问题点	统一系统
指挥系统	陆、海、空军联合战斗力的发挥	三军的调整	任务组织 统一指挥
舰炮射击	登陆行动前的舰炮射击支援 敌人防御阵地的炮击	友军和舰炮的调整	友军和舰炮的调整系统 弹着点观测员 友军火力统辖队
空中支援	侦察 从运输舰移乘到登陆艇时的飞机的护卫 对敌机、敌方火炮的轰炸	前线和支援飞机的交流	友军和飞机的调整系统 航空联络班 火力支援调度中心 （FSCC）
登陆行动 海岸确保	安全、迅速的运输 登陆后的海岸确保	时间的制约 机动力不足	登陆艇，车辆登陆艇，登陆用两栖履带车
后勤	可以方便取出装备的舰艇内的配置 登陆后的快速、有序状态的确保	优先顺序的舰内配置 人员、器材登陆后的混杂	输送补给责任军官 海岸建筑队（岩滩）

海军陆战队各个部门之间的分化组织构造是"模块型"的，是在任何规模下都可以自我完结的陆空特遣队。构成水陆两栖作战的各自的机能，根据管理系统对作战的统一性的需要，确保"分化"和"统一"呈紧密的关系。因此，可以认为海军陆战队是对不确定的环境也可以进行柔软对应的组织。

核心技能的学习和共有

陆战队员有共同体验的场所是已经提及的"新兵训练营"。在新兵训练营中把海军陆战队的核心价值和核心技能通过共同体验进行彻底地灌输。在这里阐述一下核心技能；在11周彻底的培训、训练中，始终遵循"训练多流汗，战场少流血"的格言进行严格的训练。这样经过一起严格训练的同期生之间，会联结起超越语言的强烈的情感纽带。

新兵训练营中灌输的基本技能是成为一个步枪兵。为什么在现代战争的时代还要如此强调步枪兵的技能呢？海军陆战队至今信奉"一发子弹消灭一个敌人（one shot, one kill）"的战斗哲学，这是从帆船时代的桅杆上狙击兵以来的传统，贝隆森林的光荣也来自于射击的准确性。陆军在越南战争中用M16步枪代替了14步枪，其背后理论是，根据统计，近代步兵战斗的85%是士兵与常人一样对 300 码 [①] (274 米) 以内看不见的敌人乱扫一气，所以 M16 适合作为近距离作战的扫射火力使用。信奉 "一发子弹消灭一个敌人" 的海军陆战队不喜欢这种枪，于是开发了 M16A2，这种枪加入了单发和三发连射的转换装置。开发者之一的 D·J·威利斯上校批评说，使用具有先进速射能力的 M16 自动步枪，会 "失去辨别风向、感知影响子弹飞行的环境温度的能力，也丧失了让子弹命中敌人并以此为傲的士兵的自尊"。

技能是知识的一种。知识分为可以语言化、图形化的一类知识以及难以语言化、图形化的隐性知识。前者通过理论分析获得（例如手册、规格），后者是通过身体、五官经验获得，（例如直观的印象或者熟练的技巧）。海军陆战队特别重视步枪兵的专业的技艺或者职业的技能。当然如手册一样重视可以组织性共享的有形知识，如果没有高品质的隐性知识的话，即使转换为有形知识也只不过是浅薄的知识。革新的源泉不是僵硬的有形知识，而是人类的隐性知识。正是由于两者的相互作用，才可以不断产生组织性知识。通过不断探索成为组织的共同技能，这样就可以培养每个人独立的隐性知识（技能）。由此确立了隐性知识在竞争中的优越性。

第 29 任海军陆战队司令官阿尔弗雷德·M·格雷·朱利安曾经这样意味深长地说：

---

① 码为英美制长度单位，1 码 =0.914 4 米。——编者注。

第六章　组织论的研究——自我革新组织

"未来战场等谁都无法预测。能做的只是为了不在战场上失败训练好自己和自己的部下。……继续战斗，或者活下来的关键是做些什么。不管什么都行，即便那个选择是错误的。只要能够做得漂亮，也会有不错的结果。"

在海军陆战队的教育课程中，出于联合作战的必要性，组合了陆军向空军学习、空军向陆军学习的相互交流的课程。以前，弗农·E·米琪将军为了给海军陆战队所属航空队存在的必要性做辩护，说了这样的话："也许大家会问我，为什么海军陆战队必须要有航空部队。也会有人会问我为什么海军陆战队不让空军的航空部队掩护登陆部队。在回答这些问题之前，首先，我要向各位指出海军陆战队的飞行员必须具备的特殊条件。在军队的飞行员中只有海军陆战队的飞行员在可以申请飞行任务之前的两年间必须作为海军陆战队的地面部队士官进行工作。在他之后的现役期间，也要和地面部队的同事一起到相同的技术学校学习。有的时候他也会被任命为联合参谋部的一员，那时候，在执行日常的任务中，就要求他对于构成海军陆战队的全部要素在战术做到精通。换言之，他知道地面部队的士官需要什么，也知道如何把需要的送达给他们。作为不亚于以上情况的重要事实，就是他知道陆地部队如何从地面看见飞机。正因为如此地面部队才开始放心地要求空军在几乎接近最前线的地方投掷炸弹、发射火箭弹。"（塞尔兹尼克·P、北野利信翻译的《组织和领导能力》，钻石社，1963年，182页）。

因为这种相互交流的学习，也因为全体海军陆战队员不论分工都以步枪兵作为共同的基本技能，所以才能更有效果地学会不同部门的技能。另外，共同的基本规范也是非常重要的。朝鲜战争中在志愿军大规模参与之后联合国军的大规模撤退海军陆战队第1师和陆军第8师出现巨大差别的重要原因之一就在于是否严守了基本规范。在给予对手重大伤害的同时撤退成功是因为每天晚上都挖战壕、布设铁丝网、设置敌人一旦接近就会响的装置、设置 Top flare（如果敌人接触的话就会发射照明弹）、攻击巡逻、高地保障等，把这些基本的事情都做好是极其重要的。

人类 = 机械的革新系统

如果对情报进行简单的定义的话，就是关于敌方的情报。在制定军事作战的策略的时候，情报意味着未知的风险和不确定性因素的降低，因此关于敌方的情报必须是可以和我方的计划和行动相比较的东西。情报的本质就是造成某些"差异"。因此，把敌方要干什么和己方要干什么能够进行关联的情报才有意义。情报可以使较低的成本得到较高的成成效，也就是说，情报可以作为"力的乘数"来发挥功能。

近年来随着信息通信技术的发展，可以获得越来越及时的信息。依靠空中侦察、雷达、卫星等手段，可以时刻掌握敌方的位置，电脑也可以在瞬间处理大量的信息。固然通过技术性手段获得的技术类形式的信息是重要的，但是，这类信息主要是和来自其他信息源的信息发生关系来进行解析，并通过多方面的、综合地评判及分析后被提炼出来的有意义的信息，因此也有人不把这种自动化的随时能够获得的形式上的数据称为情报。

有意义的信息是把收集的数据相互关联、进行解析、发现新的关系后提炼出来的。另外，从有意义的信息这一点来说，不仅是机器得到的信息，人类本身传递的信息应该更为重要。第二次世界大战前的中国，面对国民党军队的围剿，以毛泽东和朱德为中心的共产党军队用得最多的是依靠女性、孩子、行商或者走路比较快的年轻农民传递命令的信息系统。实际上，电子战中由机器发出虚假信息的技术越来越发达，人类之间的传令可能会有更高的可信性。

海军陆战队重视人为信息的获得和共享。为了迅速地行使战斗力，在弄清最适合战斗的地点和时间的信息以及比较敌军和我军的战斗力的知识、信息汇集到司令官的同时，各部队以及每个士兵之间都有对知识、信息共享的必要。通过共享知识和信息，每个人可以在各自的场合做出正确的决定，进行有组织行动的时候，可以心灵相通了解彼此之间的想法。

海军陆战队编纂的《战争》（1994年）中的一节中说了下面的一段话：

"人类应该活用隐形的可以进行思想交流的能力，这也是我们的指挥哲学之一。我们相信，相比使用详细的明确指令，这种心灵相通……相互深入的理解、不仅对用语言就很容易理解的重要的事情，或者作为进一步了解对方思想的交流手段，都能起到更快速的效果。通过在共同的哲学和体验的基础上构筑起来的亲密关系和相互信赖，我们得以把这种能力更大地发扬。"（第80~81页）。

作为海军陆战队的一名高级军官，共同的体验是可以用心读懂对方的思考过程，这是战斗行动中不可或缺的团队合作的基本素养。

海军陆战队组建了独立的侦察部队。数据性的信息可以通过总部的情报系统获得，但利用人的五官所获得的有意义的信息比较少。所以，海军陆战队很重视统称为Recon的侦察部队的作用。Recon是用电脑的数据信息无法传达的、前线的、面对面的传达的人类的情报系统。作为海湾战争的反省，被曾指出联合国军过于重视根据侦察卫星等确认的坦克数量等的硬数据，而忽视了伊拉克坦克乘员的能力和战斗意志等软数据。在战争中为解读高分辨率的卫星照片的众多士官的工作，从信息质量的角度看可以说只相当于一名在地面活动的优秀的谍报人员。通过积极地灵活地使用获取鲜活信息的人类的情报系统，组织可以发生切实的小进步。

存在价值的具体化

　　海军陆战队今后还能继续存在吗？这也是在问美国今后是否还需要海军陆战队。海军陆战队中将维多克·H·克拉克有如下的主张（1984 年）："需要海军陆战队的理由是，海军陆战队是优秀陆军和强大海军的统一，另外，经常被提及的还有海军陆战队具备两栖作战的优异能力，但是现在的陆军或者海军也并非不能实现这些功能。如果只是以单纯的功能性角度考虑的话，陆军或者海军都可以替代海军陆战队。那么，无论如何都要保留海军陆战队的理由是什么呢？答案不在于冰冷的机械性、合理性的一面，而是在于温暖的人性的、非合理性的一面吧。美国国民能够信赖海军陆战队是从过去的成绩以及相信以下的事情，第一，如果发生关乎国家安全的事件，海军陆战队会马上来解决。第二，海军陆战队经常在战争中获得意料之外的成果。第三，海军陆战队是美国男子汉气质的象征，把未成熟的年轻人锤炼成骄傲、充满自信、值得信赖的国民。美国需要海军陆战队的理由也包括了这些超越理论的地方。但是，当身体没有赘肉、全面贯彻了职业意识、在有突发事件的时候可以信赖的军事组织。

　　自我革新组织大概连 identity 也会否定的吧。identity 是组织的使命或者所谓领域的价值。的确，海军陆战队也对其使命进行了不断地革新。从舰上的警察到前进基地的防御部队，从前进基地的防御部队到开发了两栖作战能力的前进基地夺取部队，然后从前进基地夺取部队发展到快速反应部队。海军陆战队对任何的环境变化都先行一步对使命或者领域进行持续性的变革。使命或者领域也可以称为功能性价值。这是不断预见环境变化，把握变化方向追求必要功能价值。因此随着环境的变化必须经常进行变革的价值。

　　但同时组织也追求永恒的价值，这是超越实用性的功能性价值，从基础上支撑这些价值的普遍性的价值——真、善、美。对于海军陆战队来说核心作用又是什么呢？海军陆战队的核心价值是在新兵训练营中就被灌输的对于义务的奉献，即对上帝、美国、海军陆战队忠诚，然后是以对同伴的信赖为基准的自我牺牲。或者，如描写海军陆战队内幕的《骄傲》的作者伯纳德·H·科恩所说的，海军陆战队的核心价值和自豪感是相互关联的。海军陆战队主张由自身的善引发坚强、奉献和自信。

　　这种忠诚和自我牺牲，不是利己主义，而是利他主义。对海军陆战队来说就是对伙伴的友爱。例如，海军陆战队出身的作家威廉·曼彻斯特回顾他在冲绳受了伤，还是从医院中跑出来重新回到前线的经历的时候说："这种就是'爱'的行为。在前线的人都是我的家人。用语言无法形容他们是那样地靠近我，是过去的、未来的所有的朋友都难以企及的亲近。他们绝对不会背叛我的信任，我也绝对不会背叛他们的信任。我和他们彼此都不可或缺，虽然知道也许拯救了他们会牺牲了自己。现在，我明白了人们不是为了旗帜或者国家，也不是为了海军陆战队或者荣誉以及其他抽象的事物而战斗，他们是为了伙伴而战斗。在战斗中那些没有为了伙伴而乐于献身的家伙简直就不是人类。慷慨起义死的人不是人，简直就是混蛋。"

　　重复地说，组织所具有的价值，是组织应该实现的领域或者使命等构成的功能性价值和组织的成员全员参与的为了什么而活着的存在价值。前者必须通过和环境的相互作用，持续地进行变革。但是，我深信后者一旦丧失，强大并且崇高不变的价值会让组织也随之覆灭的。正是因为对存在价值的确立和坚持，海军陆战队的使命和功能性价值的自我革新才成为可能，并且取得了成功。就如克拉克指出的那样，作为功能性或者合理性价值的"两栖作战"，其他军种是可以替代的。但是，海军陆战队之所以存在的理由是，美国国民对海军陆战队在存在价值基础上的表现的信赖。

最后，让我们总结一下海军陆战队这个组织自我革新的过程吧。依据组织进化论的"进化就是学习"这个命题，所谓进化的本质就是新的信息和知识的学习。组织为了适应外部环境筛选有用的信息和知识以保持生存。但组织的自我革新只是通过学习的话是不能实现的。学习过程伴随着不断的过剩的危险。适应环境若只选择有用的知识蓄积起来，会产生"过去成功体验的过剩"，从而不能适应新的环境的变化。（户部良一等《失败的本质》）。即自我革新的组织，主体性的创造新的知识同时，要抛弃或者重新构建既有的部分知识体系。这个意义上的知识创造才是组织自我革新的本质，没有新知识的创造是不可能有组织的自我革新的。

组织性知识创造的基本是概念创造和概念结晶，为了生成和组织变革相关联的大的知识，从一个概念到下一个关联概念的产生的丰富的基本概念的创造是非常重要的。这种丰富的概念可以带来新的观点和更多含义的思想。特别是在创造初期，海军陆战队这个组织创立的原因是因为英国有海军陆战队，并没有进行超越英国海军陆战队模式的主体性概念创造。之后虽然由马汉的海上权利论产生了"前进基地防御"概念，但却不属于丰富的概念，也没有产生步枪兵以外的下一级概念。"一战"中的"陆军支援部队"也没有提供新的视角，因此也没有得到刺激组织性知识创造的独创性的概念。在海军陆战队历史中最初的类似概念，是"两栖作战"。两栖作战这个概念其上一级概念中有"掌握制海权进攻陆地"的橙色计划，作为下一级概念有舰队海军陆战队、舰炮射击、近身空中掩护、登陆用舰艇（LCVP、LCM、LVT）等多个概念，另外之前产生的步枪兵和价值（忠诚及战友情）等诸多概念在两栖登陆作战中被赋予了有机的联系。但是仅概念被创造出来并不意味着知识创造的结束。概念是创造概念者的想法的语言化，但是语言必须被具体化，即结晶化。概念结晶化的过程中，在具体的技术、物资、服务、系统等被具体化（外在的结晶化）的同时，还有参与具体化的人们消化吸收（内在的结晶化）的过程。就这样，在"把想法变为语言，把语言变为形式"的过程中，同时发生知识的获取、创造、活用、普及、累积，从而产生组织的知识体系的变革。

引起第二次世界大战后的陆战队第二次飞跃的是"快速反应部队"的概念。快速反应部队一方面是迄今为止开发出来的两栖作战关联的多个概念的精炼化的概念，比如，产生了突袭登陆舰、海上战前预置舰、陆空特遣队等下一级概念。另一方面，加入了垂直、短距离起降机（V/STOL）这种新的概念，是直升机、鹞式攻击机、贝尔、波音、鱼鹰等硬件的结晶化。海军陆战队把这些概念赋予新的有机关系，构筑新的概念体系，力图成为全球性的快速反应部队。

如上所述，知识分为可以语言化、记录化的有形知识（语言知识、分析性知识、客观性知识）和无法语言化、记录化的隐性知识（经验知识、直观性的知识、主观性的知识）。知识的创造是两种类型的知识相互作用、不断循环的过程。隐性知识有个人认知性的一面（想法、心智模式）和技术性的一面（技能、技巧）。知识创造源于个人的想法和技巧等个人知识。但是，没有被概念化的、仅限于个人的知识是不能成为共有的组织知识或者普遍性的知识的。隐性知识被转换为有形知识以后才可以进行分析，通过自省被精炼，促进新的隐性知识的获取。在经验和语言、直观和分析、主观和客观的相互作用、相互循环的过程中，想法被转换为语言，语言被转换为形式，不断生成有深度和广度的知识。

对海军陆战队来说，是将埃里斯少校个人的体验为基础的想法被转化为两栖作战这种概念。把这种概念合法化并促进转换为组织知识的是勒琼海军陆战队司令官。被合法化的两栖作战的概念通过反复详细的交流，一边不断吸收关联的项目成员的想法，一边不断产生新的构成概念，最终成为具备操作性的行为和规格的指南和手册（典型的有形知识）。再通过训练乃至实战，再次成为每个海军陆战队员的思想和掌握的技能。

第二次世界大战之后，再没有出现像埃里斯少校和勒琼司令官一样的杰出人物，处在只有两栖作战的概念是否能把海军陆战队存在置于合法化的危机感中，团队和组织在将两栖作战的构成概念更加进化，并不断的吸收 V/STOL 这种新的概念，由快速反应部队大概念不断产生各种下一级概念，并对这些概念具体化。

组织的自我革新描绘了某种新概念引起的革命性变化和这种概念实现、改善的渐进性变化不断重复的一个螺旋形的模式。在这里应该注意的是，组织的自我革新中存在具有结晶化固有的本质性危险的。结晶化是指概念成为具体的东西或者成为某个系统，考虑其实施过程所需要的费用和努力，如果随着环境的变化不能发挥本来计划的功能，一旦要毁掉已经成型的东西不管对于个人还是对于组织都是极其困难的。也就是说，结晶化一般都孕育着组织僵硬化的危险性。

但是，对于不断遭遇存亡危机的海军陆战队来说自我革新已经成为组织生存本能的一部分。对于组织的死亡（即废除）或者大幅度缩编的恐惧是自我革新的原动力和能量源。但这和官僚体制下的组织臃肿化或者即使存在理由消失也要继续存续下去的组织的惯性在本质上来说是不同的，是理想的组织本能。

形成这种"理想"的组织本能的基本要素正是真、

善、美、义这些普遍的、核心价值的具体化。不管是组织还是个人想要自我革新的话，想要完成这个目标都需要挑战最终的价值追求。但是，自我革新不仅仅指向成功，如果失败的话很有可能产生威胁到继续存续的危险的一面。如果组织的成员不在乎自己的生存质量还能够继续生存的话，那么回避组织的自我革新等也是正常的了。实际上，在组织中虽然具有功能性的价值，但不关心"为了什么"这种存在价值的人也是很多的。但是，正是因为有了存在价值，才能诱导每个成员完全地参与组织的自我革新。

这样的存在价值并不是组织设立之初就存在的。实际上，美利坚合众国的海军陆战队只不过是因为英国有这样的海军陆战队才诞生的。但是在以后的过程中，从组织的成员中诞生了英雄，他们的行为所展示出的普遍性的价值被明确的用语言表示出来作为组织的知识被积累起来。同时，产生了类似"两栖作战"这样优秀的功能性价值，在这些相互作用中存在价值被正式化、强化起来。功能性价值和存在价值以及通过实现这些价值的资源（功能）配置、组织、系统、技能、领导能力的相互作用的过程，存在价值在组织的基层都已经被具体化。

难道说海军陆战队的存在价值是永远不会改变的吗？虽然是非常缓慢的，但评价海军陆战队的国民的价值观是有变化可能的。比如，比尔·D·罗斯对于写《硫黄岛》的理由是这样说的："硫黄岛是检验集体勇气以及个人勇气的地方。硫黄岛战争恐怕是人类再也不想看到的激烈的战争。正是因为如此，现在正是把那段历史记录下来，并探究其本质的绝好机会。也是再一次聚焦美国人的爱国心、对义务的奉献、自我牺牲等想法的好机会。朝鲜战争以及越南战争以后，美国人对于这些美德的态度变得越来越模糊。尤其带着疑问来看待这些美德的人也非常多。"（凑和夫监译，第 1~2 页）。

到现在为止所叙述的自我革新组织的要件，作为概念也许是矛盾的，但实际上更多是相互补充或互相依存的关系。包括集中和分散、分化和统一、共享的核心机能和各自的专业技能、重视人性的系统和完全依靠科学技术的系统等。

虽然分化和统一的内容在前面中已经叙述过了，如果只在头脑中考虑这些要件之间的矛盾（即统一和分化、集中和分散、共通和专门、人类和机械），会陷入来回兜圈子的怪圈。虽然完全消除这些矛盾是不可能的，但是可以通过某些形式找到突破口。所以需要有必要的行动，或者也可以说需要一定的时间。构成矛盾的两个相互对抗的力，只是在同一个时间点上是相互对立的，但是几乎没有始终对立的。组织的领导必须选择哪一个（或者感觉哪一方比较强），然后推进。不久与之对抗的力变强的话，要看准时机、采取支援对抗力的措施。这种"继续行动"是非常重要的。而且，为适应现在环境的剧烈变化，必须快速地行动。也就是说，自我革新组织需要机动力。以上所列举的自我革新组织的六个要件实际上也是机动力的要件。

除了自我革新组织的要件中的以上几个矛盾以外，还存在一个大的矛盾（可以看作矛盾的两个要件）。即组织不变的存在价值和经常不得不变化的功能价值。这容易使人联想起松尾芭蕉的"不易流行"一词。也许在理论上有各种各样的解释，在这里可以理解为"不变的和要追求不变的持续"的意思吧。拿海军陆战队来说，对美利坚合众国的忠诚和对伙伴的爱是存在价值的"不变"，前进基地夺取部队和快速反应部队是功能价值的"流行"。实际上，自我革新组织中不变的事物（不易）和变化的事物（流行），并不是独立存在的，两者之间是相互作用的。存在价值触发并引导功能价值，另一方面，功能价值通过适应环境变化的手段被实现。

所有的组织都在变化。但是，组织的存在价值和正义、勇气、自由、爱等人类的普遍性的价值越接近，其变化的可能性越低，坚持普遍的存在价值并持续革新功能性的价值才是组织的自我革新。美利坚合众国的海军陆战队正是展示了这种类型组织的一个原型。

美国海军陆战队

策 划：奚 望

翻 译：日研智库翻译组

译 者：鲁方雷　前言至第三章

　　　　沈峪源　第四章

　　　　宋晓明　第五章至第六章

校 译：鲁方雷

随身读本「日研智库」丛书为您

创新的、立体的、深度的展示

日本的社会、经验、成果、方法……

海洋出版社官方微信